本著作受厦门理工学院资助、福建省高等学校新世纪优秀人才支持计划资助

"一带一路"与中国开放型经济新体制丛书

发展中国家中央银行
独立性研究:
以东南亚国家为例

何军明　著

厦门大学出版社　国家一级出版社
XIAMEN UNIVERSITY PRESS　全国百佳图书出版单位

图书在版编目(CIP)数据

发展中国家中央银行独立性研究：以东南亚国家为例/何军明著. —厦门：厦门大学出版社，2018.8

("一带一路"与中国开放型经济新体制丛书)

ISBN 978-7-5615-7062-3

Ⅰ.①发⋯　Ⅱ.①何⋯　Ⅲ.①发展中国家-中央银行-研究　Ⅳ.①F830.31

中国版本图书馆 CIP 数据核字(2018)第 184326 号

出 版 人	郑文礼
责任编辑	潘　瑛　陈思岑
封面设计	蒋卓群
技术编辑	朱　楷

出版发行　厦门大学出版社

社　　址	厦门市软件园二期望海路 39 号
邮政编码	361008
总 编 办	0592-2182177　0592-2181406(传真)
营销中心	0592-2184458　0592-2181365
网　　址	http://www.xmupress.com
邮　　箱	xmup@xmupress.com
印　　刷	厦门市金凯龙印刷有限公司

开本	720 mm×1 000 mm　1/16
印张	12.75
印张	2
字数	200 千字
版次	2018 年 8 月第 1 版
印次	2018 年 8 月第 1 次印刷
定价	58.00 元

本书如有印装质量问题请直接寄承印厂调换

厦门大学出版社
微信二维码

厦门大学出版社
微博二维码

内容提要

20 世纪 80 年代末以来,在新自由主义的影响下,世界范围内掀起了一股中央银行独立的浪潮,一些发达国家开始改革相关法律和制度安排,加强中央银行的独立性。随后,很多发展中国家也纷纷实施改革以增强中央银行的独立性。这种趋势一直持续到今天。1989 年到 2005 年,世界上先后有86 个国家不同程度地进行了中央银行独立性改革,其中发展中国家有63 个。

为何在较短的时间内有如此多的发展中国家进行了中央银行独立性改革?究竟是何种因素影响并决定了发展中国家的中央银行独立性?这正是本书提出并试图回答的问题。

本书认为,20 世纪 80 年代末以来发展中国家中央银行独立性的提高并不仅仅是一国国内经济运行及其相关制度自然发展的要求,更是受全球化背景下各种国际压力与驱动力所推动的。这种国际压力与驱动力主要包括了国际资本(主要是外商直接投资)的竞争、全球网络的同质化压力和来自国际货币基金组织等国际组织与国际评级机构的压力等。同时,发展中国家中央银行独立性具有很强的内生特点,不可避免地会受到各种国内因素的影响,包括通货膨胀偏好、利益集团及其结构、金融监管制度安排、自然失业率、政府债务、政治不稳定以及其他众多因素。因此,影响和促使中央银行独立性提高的因素是双重的。

本书首先论述了中央银行独立的基础理论,归纳了关于中央银行独立性影响因素的不同观点,进行评论并提出了本书的观点;其次,论述了中央银行独立性的相关概念和测度中央银行独立性程度的主要指标体系,并重点讨论了中央银行独立制度全球扩散的背景；再次，分析了影响发展中国家中央银行独立性的国际因素和国内因素，并进行了相关的实证分析。最后，在以上理论与实证分析的基础上，较为深入地探讨和分析了泰国和印度尼西亚这两个东南亚国家中央银行独立性的历史沿革及影响因素。

关键词：中央银行独立性；发展中国家；全球化；全球网络

目 录

第一章

绪 论

◆ 第一节 ◆

问题的提出

20 世纪 80 年代末以来,世界范围内掀起了一股中央银行独立的浪潮,一些发达国家开始改革相关法律和制度安排,加强中央银行的独立性。随后很多发展中国家也纷纷实施改革以增强中央银行独立性。这种趋势一直持续至今。1989 年到 2005 年,世界上先后有 86 个国家不同程度地进行了中央银行独立性改革,其中发展中国家有 63 个。

国际学术界对中央银行独立性进行了大量的研究。从学科角度看,包括了经济学、政治学、历史学、社会学等;具体的研究内容囊括了基础理论研究,中央银行独立性与通货膨胀(简称"通胀")、经济增长、失业率等各种经济变量的关系,中央银行独立性的影响因素等各个方面。但总体来看,由于不同的学者从不同的角度、采用不同的方法对中央银行独立性的某个问题或某一内容进行相对孤立的研究,因此,研究比较散乱、缺乏系统性。

对于影响和决定发展中国家中央银行独立性的因素,已有的研究大多持有以下两种观点。

第一种是"免费的午餐"的观点。通过研究中央银行独立性对通胀、经济增长、利率、汇率制度、就业、投资、财政赤字等经济变量的影响,这种观点认为,中央银行独立性的提高可以抑制通胀但不影响经济增长。因此,建立中央银行独立制度、提高中央银行独立性是一种低成本高收益的制度安排,是"免费的午餐"。"免费的午餐"观点认为这种低成本高收益的制度安排同样也适用于发展中国家,因此发展中国家应当进行改革以增强其中央银行的独立性。

这种观点的假设前提其实是认为中央银行独立是一种可以随意设置和改变的制度安排,中央银行独立性是一个外生变量。从这种观点出发,20 世纪 80 年代末以来发展中国家纷纷增强中央银行独立性正是由于这些国家认为这种制度安排可以有效地抑制通胀而且不影响经济增长;或者说,发展中国家中央银行独立性的决定和影响因素在于其国内经济抑制通胀的要求。

　　第二种是"中央银行独立性内生决定"的观点。持这种观点的学者对中央银行独立性的提高可以抑制通胀的观点持怀疑乃至否定的态度。他们认为中央银行独立性是一个内生变量，是"嵌入"于一国具体的经济、政治、法律制度以及通胀文化、社会条件之中的。换言之，它是内生的，不是一种可以随意设置和改变的制度安排。在研究分析了一国内部的利益集团、政治不稳定、自然失业率等各种因素对中央银行独立性的影响的基础上，这种观点认为，相对于发达国家来说，发展中国家的中央银行独立性具有更强的内生特点。

　　影响和决定发展中国家中央银行独立性的因素究竟有哪些？哪些是主因，哪些是辅因？这是本书提出并试图回答的问题。

◆ 第二节 ◆
选题的目的和意义

　　中央银行是一个国家金融体系中居于"中心"地位的金融机构或组织，是统领一国金融机构体系、控制全国货币供给和实施国家货币政策的最高金融机构。当今世界，中央银行是一国为实现其总体经济目标而设立的统治全国货币体系的金融管理机构。中央银行的宗旨是制定国家金融政策、监督和管理金融业及金融市场、调控货币供应量，以确保经济长期稳定地增长。中央银行制度已成为现代金融经济的重要组成部分，中央银行职能的发挥直接关系到一国国民经济的健康运行和发展。货币政策是一国重要的宏观经济政策之一，制定和实施货币政策，以及对国民经济实施宏观调控，是中央银行最主要的职能。作为宏观经济间接调控的重要手段，货币政策在我国的国民经济宏观调控体系中居于十分重要的地位，而中央银行的独立性程度对货币政策的质量至关重要。因此，对中央银行独立性问题进行研究具有非常重要的理论意义和现实意义。

发达国家中央银行独立的理论和经验对发展中国家有重要的借鉴意义,但是发展中国家与发达国家相比,在经济、政治和社会制度方面相对不成熟,且具有特殊性,了解发展中国家中央银行独立性的规律具有更为重要的意义。因此,有必要有针对性地对发展中国家的中央银行独立性问题展开专门的研究。

正确理解 20 世纪 80 年代末以来发展中国家中央银行独立制度迅速在全球扩散的现象,深入分析全球化背景下发展中国家中央银行独立性的影响和决定因素,研究其中的客观规律,对我国制定中央银行独立性的相关政策与制度安排并使之适合我国社会经济发展的条件,具有重大的理论和实践意义。

◆ 第三节 ◆
主要研究方法

本书主要使用以下几种研究方法:

第一,实证研究和理论分析结合的方法。本书在理论分析的基础上,搜集各种数据,进行了大量的统计回归分析等实证研究。在理论的、定性的研究分析基础上结合定量的实证研究,使理论分析和一般的定性分析更加具有说服力。

第二,案例研究的方法。由于实证研究大多采用统计回归的分析方法,在样本选择、模型设计等方面不可避免地存在一定的主观性。另外,单纯的计量分析无法真正深入地研究具体国家的全面情况。因此,本书在理论分析和实证分析的基础上,又进一步进行了具体国家案例的研究,使得论证更加丰富和生动。

第三,适当采用跨学科的分析方法。本书在对大量文献进行分析的基础上认为,从单一的经济学学科视角来研究难以解释发展中国家中央银行独立性的影响和决定因素。政治的、社会的、历史的各种因素都会对发展中国家的中央银行独立性产生影响。因此,本书的分析研究以经济学的方法为主,适当地从跨学科的角度,结合政治学、社会学等各种学科的分析方法,进行较为全面和系统的研究。

◆ 第二节 ◆

创新与不足

一、主要创新

本书主要的创新之处在于以下方面:

第一,较为全面地研究了影响发展中国家中央银行独立性的因素。本书考察了不同学科、不同学派对此问题的研究,将不同观点、主要研究进行了系统的整合,并力图建立一个较为完整的政治经济学分析框架。

第二,从全球化的角度来看待发展中国家的中央银行独立性问题。已有的大多研究文献往往忽略了经济全球化的背景。在这种背景下,一国的货币政策制度安排不可能不受到全球化的影响。发展中国家中央银行独立性的影响因素不仅来自于国内,还来自于各种国际压力,20世纪80年代末以来发展中国家中央银行独立性的提高并不仅仅是一国国内经济运行及相关制度自然发展的要求,这种提高更多地受到了全球化背景下国际因素的影响。同时,在发展中国家,中央银行独立性具有很强的内生特点,其中央银行独立性也不可避免地会受到各种国内因素的影响。因此,影响和决定中央银行独立性的因素是双重的。但是,其中起主要作用的是外部国际压力。本书从国际和国内双重角度来分析发展中国家中央银行独立性的影响和决定因素。

第三,从制度经济学的角度来阐释发展中国家中央银行的独立。世界性的发展中国家中央银行独立的浪潮实际上是一种制度的变迁。从世界经济发展的历史上看,西方发达国家在工业化和经济发展过程中的经济制度变迁大多都属于需求诱致型的制度变迁,是一种自然的变迁过程。但是20世纪80年代末以来,在全球化加速和深化的背景下,发展中国家的经济制度变迁日益受到全球化的影响,发展中国家中央银行的独立并非一种自然的制度变迁过程,而是在各种国际因素的压力下被迫进行的。

第四,将社会学的社会网络观点引入全球国家网络的范畴。从这个角度分析和解释发展中国家中央银行独立在20世纪80年代末以来迅速在全球扩散的现象,并进一步指出和研究了国际货币基金组织(IMF)等国际组织在全球制度同质化趋势中的作用。

二、不足之处

本书主要的不足之处在于以下方面:

第一,实证分析存在不足。对于发展中国家中央银行独立性与外商直接投资(FDI)、IMF贷款、全球网络压力关系的实证分析上还存在一些不足之处,主要是由于缺乏充分的可信数据,样本容量较小,时间跨度较短;各种变量间复杂的关系也使在控制变量的选择上可能存在问题;中央银行独立性指标存在的缺陷也可能会对分析结果产生一定的干扰。

第二,在分析影响发展中国家中央银行独立性的国内因素方面缺乏实证研究。影响发展中国家中央银行独立性的国内因素比较复杂,如通胀偏好、利益集团、政治不稳定等等。这些因素相对难以估计和量化,缺乏可靠数据,因此未进行实证研究。

第三,本书初步回答了"影响发展中国家中央银行独立性的因素有哪些"的问题。但是,限于篇幅与作者的精力,并没有去回答"中央银行独立性对发展中国家产生哪些具体的影响"的问题,而后一个问题似乎更为重要。在这个问题上,针对发展中国家的研究很少、缺乏国别案例、研究分散且缺乏系统性,本书基本上未能涉及,留待今后进行探索。

◆ 第五节 ◆

本书的结构安排

　　本书共分为六章：第一章是绪论，提出了本书研究的问题，阐述了选题的目的和意义、主要研究方法、创新与不足以及文献综述。第二章是中央银行独立性的理论与述评，论述了中央银行独立性的基础理论，包括时间不一致理论、政治经济周期理论、"保守的中央银行家"理论、"委托—代理"理论等，归纳了关于中央银行独立性的影响因素的两种不同观点，即"免费的午餐"观点和"中央银行独立性内生决定"观点，并进行了评论，同时提出了本书的观点。第三章是中央银行独立制度全球扩散的背景，论述了中央银行的目标与职能、中央银行独立性的概念及其内容以及测度中央银行独立性程度的主要指标体系，重点分析了中央银行独立制度全球扩散的背景，包括布雷顿森林体系崩溃、私有化和市场经济席卷全球、新自由主义在全球蔓延、区域经济一体化加速发展、金融危机成为发展中国家增强中央银行独立性的催化剂等。第四章研究了影响发展中国家中央银行独立性的国际因素，指出这些国际因素包括吸引国际资本尤其是吸引 FDI 的动力、全球网络的同质化压力，以及国际金融组织和评级机构的推动。第五章探索了影响发展中国家中央银行独立性的国内因素，包括通胀偏好、利益集团及其结构、金融监管制度安排、自然失业率、政府债务、政治不稳定等。第六章进行了案例研究，将泰国和印度尼西亚两个东南亚国家作为具体案例，研究泰国和印度尼西亚中央银行独立性的历史沿革及其影响因素。

◆ 第六节 ◆

文献综述

一、中央银行独立性的概念

对中央银行独立性的概念,学者们看法比较一致,认为主要是指中央银行与政府之间的一种关系,即中央银行相对于政府的独立程度。

早期的学者在 20 世纪 70 年代就已经论述过这个问题。诺德豪斯(Nordhaus,1975)和林德比(Lindbeeh,1976)认为,中央银行独立性实际上就是技术专家所说的为避免货币政策被政治党派的支持者所左右,而将其交由某一个组织机构来掌握。希克斯(Hicks,1977)则从分权的角度出发来说明这个问题,他认为,中央银行的独立是把创造货币(create money)的权力与使用货币(spend money)的权力相分离。他指出,货币管理是政府的一项主要职责,如果想使它能够有效地运转,从制度的角度看,它就需要与政府的其他职责相分离。在正常情况下,法定的职责也就是政府的职责,如果将某一职责从政府职责中分离出来的话,那就是货币职责。

20 世纪 90 年代以后,学术界与实务界对中央银行独立性的认识越来越深入和清晰。

IMF(1990)认为,中央银行独立性的具体表现是,它必须独享货币发行权;发行货币根据经济的客观需要而不受财政透支的干扰;能独立解决严重的通胀而无须向财政部报告自己的工作;重大决策不是由某一部门或个人决策,而是由中央银行理事会决定;对金融系统进行监督和管理享有充分的权力;拥有资金来源与运用的支配权而不依赖财政拨款。

库克曼(Cukierman,1992)认为,中央银行独立性就是一种承诺将货币政策的主要目标置于价格稳定方面的行为。后来库克曼、韦伯和比林(Cukierman,Webb and Bilin Neyapti,1994)又补充说明,中央银行的独立性不是无条件地独立于政府,而是在追求价格稳定目标过程中的独立。

二、中央银行独立性的内涵

哈斯(Harsh,1993)认为，中央银行的独立性表现在三个方面：人事独立、信贷独立和政策独立。人事独立是指政府在中央银行人事任命过程中的干预程度。信贷独立是指对政府直接或间接从中央银行获得信贷以融通支出行为的限制程度。如果政府能从中央银行直接贷款则意味着货币政策从属于财政政策，反之则不是。政策独立是指赋予中央银行制定、贯彻货币政策的操作空间。如果中央银行能够自主决定实现货币政策的方式，则中央银行的政策工具是独立的；反之如需政府的批准，则说明中央银行没有独立的政策工具。

费切尔(Fischer,1995)认为，中央银行独立性实际上有两种：一种是目标独立，即中央银行可以自由选择政策目标，主要是对稳定物价与促进经济增长的选择；另一种是工具独立，指中央银行在明确自身目标之后，可以自由选择货币政策的操作手段以及政策工具。一般说来，旨在反通胀的中央银行独立性支持者并不主张目标独立，因为这样一来中央银行就拥有相机抉择的权力，可能会利用其独立性追求产出增长。

安德瓦克(Andavarker,1996)认为中央银行独立性包括三个方面的内容：一是管理层人事的独立性，这方面的独立要求理事会应该有相对较长的任期，并且不能代表特殊利益集团的利益；中央银行的行为对于公众和法律的执行效果应该有可信度，并且拥有解决冲突和协调的能力。二是宏观经济独立性，要求中央银行可以自由制定货币政策和汇率政策，可以自由地选择适当的政策工具。三是融资独立性，要求限制中央银行对政府和商业银行的信贷。

艾菲格(Eijffinger,1997)认为，中央银行独立性实际上涉及三个方面：一是人事上的独立性，二是赤字融资上的独立性，三是政策上的独立性。政府在这三方面的影响应当被排除或弱化。在人事独立性方面，他认为像中央银行这样一个如此重要的公共机构，其人事任免要完全排除政府的影响是不可能的，因此中央银行人事上的独立性是指政府对中央银行任免程序的影响程度。它具体表现在任免程序、任期长短和解除职务的程序等方面。在赤字融资的独立性方面，如果政府能通过中央银行信用直接或间接地为政府支出融资,对中央银行施加影响,那么中央银行在赤字融资上的独立性就比较低。这里直接涉及的中央银行信用是指货币政策从属于财政政策。间接涉及的中央银行信用可能产生两种情形:一是中央银行成为政府的出纳,二是中央银行负责政府债务的管理。政策上的独立性是指中央银行制定和执行货币政策的自主权。

三、中央银行独立性与经济变量的关系

(一)中央银行独立性与通胀的关系

根据时间不一致等理论,提高中央银行独立性的主要目的是解决通胀偏差、稳定价格,于是许多学者对中央银行独立性与通胀之间的关系进行了大量的实证研究。

1.发达国家中央银行独立性与通胀的关系

最早对中央银行独立性进行系统性研究的是阿莱西那(Alesina,1998),他通过对 17 个经济合作与发展组织(OECD)国家 1973—1986 年的通胀率及中央银行独立性进行统计分析,得出结论:较低的通胀率与中央银行不断增强的独立性存在着正相关关系,也就是说,中央银行的独立性越强,通胀率相应就越低;中央银行独立性越弱,通胀率就越高。他认为,中央银行具备独立性的地位及相应实施的独立性的货币政策在一定程度上可以抑制通胀。

早期文献的数据样本集中在发达国家,许多学者都采用回归分析的方法来研究中央银行独立性与通胀的关系,并逐步加入各种控制变量。尽管还存在少数质疑,但是显然大多数学者都比较一致地认为,发达国家中央银行独立性与通胀呈负相关关系(参见附录 1)。

2.发展中国家中央银行独立性与通胀的关系

发展中国家中央银行独立性的研究起步相对晚些,文献也相对较少。开始的研究表明发展中国家中央银行独立性与通胀的关系并不明显,后来通过对中央银行独立性测度指标的修改,不少学者得出了发展中国家中央银行独立性也与通胀负相关的结论。但是此方面的研究仍然存在一些争论

和不足,例如:采用的实际中央银行独立性测度指标(主要是库克曼的 TOR 指标[①])存在一定的缺陷。不少学者认为,一旦考虑一些控制变量,发展中国家中央银行独立性与通胀的负相关关系就变得微弱。总体来看,相对发达国家的研究,对于发展中国家的实证研究尽管也支持这种负相关关系,但是大多数学者认为这种关系非常微弱和敏感(参见附录 2)。

(二)中央银行独立性与经济增长的关系

在早期针对发达国家的研究中,大多数学者得出了中央银行独立性与经济增长之间不存在联系的结论。库克曼、韦伯和比林(Cukierman,Webb and Bilin Neyapti,1993)以 72 个工业化国家和发展中国家作为研究对象,发现中央银行独立性的 TOR 指标与发展中国家的经济增长率呈正相关关系,而与工业化国家的经济增长率没有特定关系。在附录 3 中我们可以看到,大多数样本中包含的发展中国家的研究,均得出了中央银行独立性与经济增长正相关的结论,而针对发达国家的研究中,大多数学者则得出了中央银行独立性与经济增长之间不存在联系的结论。

波罗(Borrero,2001)从理论上分析了中央银行独立性对经济表现的长期和短期影响,他通过模型推理和模拟发现,从短期来看,较强的中央银行独立性带来较低的通胀率和增长率;从长期来看,考虑到通胀对经济增长强烈的负外部性,中央银行独立性的增强有利于获得较高的经济增长率。欧本(Obben,2006)认为,中央银行独立性的提高对经济增长的积极作用是间接的,它是通过培育一个价格稳定的环境来传导至长期的投资需求,最终促进经济增长。

总的来看,已有的研究在一点上基本达成共识,即无论在发展中国家还是发达国家,中央银行独立性的提高不会损害经济增长。

(三)中央银行独立性与其他经济变量的关系

不少学者还研究了中央银行独立性与利率、政府财政预算赤字、中央银

---

① TOR 指标主要是采用各国中央银行行长更替的频率(任期)来测度中央银行独立性。其基本假设是,中央银行行长更替的频率越高(任期越短),则中央银行独立性水平越低。显然,这个假设是有缺陷的,可能有些中央银行行长听从于政府指令而获得较长的任期。

行给予政府的借贷、失业率、私人投资等其他经济变量的关系。

艾菲格和斯科林(Eiffinger and Schalling,1994)认为中央银行独立性与利率负相关,即中央银行独立性水平越高,实际平均利率水平越低。库克曼和韦伯(Cukierman and Webb,1995)通过政治变动指标,也发现中央银行独立性与利率负相关。但是阿莱西纳和萨默斯(Alesina and Summers,1993)认为二者之间的联系非常微弱。

吉瑞林、马西安达罗和塔贝林(Grilli,Masciandaro and Tabellini,1991)以 18 个工业化国家作为样本研究了中央银行独立性与政府财政预算赤字之间的联系,他们认为二者为负相关,但相关性较弱。汉和斯多姆(De haan and Sturm,1992)则采用多种指标研究二者之间的联系,他们发现采用 AL 和 GMT 指标时,部分样本上二者负相关,但采用 ES 指标时则没有发现这种关系。波拉德(Pollard,1993)也认为二者有微弱的负相关关系。路考特(Lucotte,2009)针对发展中国家对二者关系进行了分析,他采用自己构建的指标和 TOR 指标,对 78 个发展中国家 1995—2004 年的数据进行了回归分析,得出中央银行独立性与政府财政预算赤字显著负相关的结论。

库克曼和韦伯(Cukierman and Webb,1992)的研究表明,TOR 指标与中央银行给予政府的借贷显著相关,即中央银行独立性与中央银行给予政府的借贷负相关。汉和斯多姆(De haan 和 Sturm,1992)采用 GMT 指标也得出了同样的结论。

考沃尔(Cornwall,1998)采用 LAVU、GMT、AS 指标研究了 18 个 OECD 国家 1960—1989 年的数据,认为中央银行独立性与失业率之间存在正相关联系。弗朗西斯(Franzese,1999)采用 LAVU、QAVU 指标以及 GMT 与 BP 的综合指标研究了 21 个 OECD 国家 1974—1990 年的数据,也得出了同样的结论。

马克斯菲尔德(Maxfield,1997)、帕斯托和马克斯菲尔德(Pastor and Maxfield,1999)采用库克曼指标进行研究,认为中央银行独立性越高就越有利于私人投资。

四、影响发展中国家中央银行独立性的因素

（一）"免费的午餐"的观点

"免费的午餐"的观点支持中央银行独立。该观点认为建立中央银行独立制度、提高中央银行独立性是一种低成本、高收益的制度安排。持有这种观点的学者基本上忽略了对中央银行独立性的影响因素的研究，其研究重点在于如何证明中央银行独立制度的经济绩效，即研究中央银行独立性对通胀、经济增长、失业率、利率等经济变量的影响，并通过这些研究来支持中央银行独立制度。

这种观点的假设前提其实是认为中央银行独立是一种可以随意设置和改变的制度安排，中央银行独立性是一个外生变量，中央银行独立性的决定和影响因素在于一国国内经济抑制通胀的要求。

（二）"中央银行独立性内生决定"的观点

持这种观点的学者质疑中央银行独立制度的绩效，对中央银行独立性的提高可以抑制通胀的观点持怀疑乃至否定的态度。他们认为中央银行独立性是一个内生变量，是"嵌入"于一国具体的经济、政治、社会条件之中的。换言之，它是内生的，不是一种可以随意设置和改变的制度安排。

如坡森（Posen,1993）认为，由于发展中国家大多面临的是铸币税型通胀，政府将从铸币税中得到的一部分实际收入分配给某些人以提高其福利水平，因此提高中央银行独立性以抑制通胀的措施需要权衡决定。至于铸币税动机引发的恶性通胀则往往通过财政政策的改革加以平息。他通过将中央银行独立性与铸币税型时间不一致引发的通胀率进行多种回归分析，发现二者之间并没有显著的负相关关系。另外一些学者也认为，一旦考虑一些控制变量，发展中国家中央银行独立性与通胀的负相关关系就变得微弱或者难以成立。[①]

此外，不少学者研究了一国国内的经济因素、政治因素、社会因素等对中央银行独立性的影响，但对这些影响的后果仍然存在不少争论。

---

① 　包括 Fujiki(1996)，Fuhrer (1997)，Campillo and Miron (1997)，Mangano(1998)等。

1.经济因素

在国内经济因素方面,Cukierman(1992)认为,对于储蓄与投资二者之间的金融中介过程来说,低水平的中央银行独立性和高通胀波动是一种重要的不确定性风险,而金融市场的规模越大、金融中介的数量越多,这种风险就越大。因此,金融市场广阔、金融中介机构数量庞大的国家更倾向于较高的中央银行独立性。

坡森认为,金融部门是一个强有力的利益集团,一国的中央银行独立性受到金融部门反通胀力量强弱以及金融部门通过政治体系反通胀效果的影响。坡森强调,金融领域内的游说力量影响着货币政策,而金融领域一般被认为是极度反感通胀的。银行(特别是私人银行)是低通胀政策最坚定的支持者。银行的经营是建立在不断吸收存款和发放贷款的基础上的,借短贷长使其资产与负债之间出现期限不匹配,从而容易受到通胀的冲击。银行对于利率波动幅度变化的承受能力是很脆弱的。通胀迟早会引发通货紧缩(以下简称"通缩"),这将使得银行承受严峻的考验,较高的实际利率使银行在偿还短期信用贷款时陷入困境。因此,银行害怕通胀以及随之而来的通缩。为避免这种冲击,银行会四处游说以敦促政府出台反通胀政策。因此可以说,金融部门抵制通胀的有效性将直接影响低通胀政策和中央银行独立性。

艾伯拉姆和泰勒(Abrams and Taylor,2001)认为,将监管职能赋予中央银行更有利于强化金融监管的独立性,对于发展中国家这样的制度安排显得更为必要,因为它可以避免金融监管职能的政治化(politicalization of bank supervision)。但是,布朗特(Briault,1999)提出了不同的看法,他认为,中央银行责任范围越大,就越容易受各种政治力量的干扰。同时行使货币政策职能和金融监管职能使中央银行责任范围加大,导致更多不同的利益集团和群体对中央银行施加各种干扰和压力,从而有可能削弱中央银行的独立性。

艾菲格和斯科林(Eijffinger and Schalling,1995)对1960—1993年19个国家的数据进行了回归分析,采用每年的产出增长代表生产率波动,用潜在变量原理区分中央银行的法律独立性和最优独立性。他们的分析结果显示,生产率波动与最优中央银行独立性存在负相关关系。

2.政治因素

在国内政治因素方面,库克曼(Cukierman,1994)认为政治不稳定对中央银行独立性有重要的影响,这种影响与国家意识有关。他指出,一个国家具有高度的充分的国家意识的情况下,高度的政治不稳定会带来较强的中央银行独立性。但是在低水平的不充分的国家意识条件下,高度的政治不稳定会产生相反的效果。他采用哈格、库曼、谢里夫和韦伯(Haggard, Kaufman, Shariff and Webb ,1991)提出的两个政治不稳定指标,分析了14个发展中国家20世纪70年代和80年代的数据。这两个指标一个是政党不稳定性,指在一个给定体制下的政治不稳定,主要代表国家意识较高的情况;另一个是体制不稳定性,主要反映较低国家意识状态下的政治不稳定性。库克曼的回归分析支持了其假设观点。库克曼的观点在一定程度上解释了发展中国家中央银行独立性的差异,尤其是一些发展中国家政治非常不稳定,中央银行独立性也非常弱的现象。

马克斯菲尔德(Maxfield,1997)提出了政治家"任期安全"(tenure security)的概念,其逻辑主要是从当政政治家的角度来看待政治不稳定。任期安全是指当政政治家继续维持和保有其执政权力的可能性。在发展中国家,当政治家感到自身执政权力不稳定时,也就是说其任期安全受到威胁的时候,政治家首先希望维持政府政策的灵活度,因为这种灵活度可以增强其获得更多支持的潜在能力,增加连任的可能性。库克曼和韦伯(Cukierman and Webb,1996)进一步研究了在没有制度化民主的发展中国家,政治不稳定对中央银行独立性的影响。他们发现,每一届政府的执政时间越短,即政府更替越频繁,中央银行独立性就越弱,尤其是这种更替代表一种政治体制的变换时(在独裁专制制度和民主制之间变化),影响就更加明显。这个观点与发展中国家的政治不稳定对经济表现有消极影响,尤其是容易产生高通胀的客观事实是一致的。库克曼和韦伯(Cukierman and Webb,1995)还发现,在发展中国家,频繁的政府更替会使中央银行独立性降低的风险增大,在政府更替(包括政府领导人变动和执政党派变动)过程中,中央银行的权力被收回的可能性是发达国家的2倍。

3.社会因素

在国内社会因素方面,伯德(Bernd Hayo,1997)认为,各国对通胀的偏好不尽相同,因而产生不同的通胀文化,这又进一步影响到货币制度的构成和货币政策的使用。从各国的偏好不同到特定的货币制度建立,比如中央银行独立制度,这中间存在着一定的因果联系。他提出,通胀偏好与中央银行独立的制度框架之间存在一个反馈和转化的联系机制。伯德对 1976—1993 年 12 个欧盟国家的数据进行研究后发现,一国对通胀的憎恶程度与该国的中央银行独立性和通胀水平的相关性非常高,不仅如此,中央银行独立性与该国对通胀的憎恶程度呈正相关关系。这一发现表明,一国的"通胀偏好"的确会对货币政策以及中央银行独立性产生影响。不过需要指出的是,伯德的实证结果并无法区分一国的价格稳定目标的选择是由通胀偏好还是由路径依赖所引起的。

艾菲格和斯科林(Eijffinger and Schalling,1995)采用博弈论模型研究了公众对通胀与失业的偏好组合对中央银行独立性的影响。他们的研究认为,相较于通胀率稳定的偏好而言,社会公众对失业率(或者就业率)稳定的偏好越强,社会最优的中央银行独立性程度就越高。如果社会更加关注失业问题(与通胀相比较而言),时间不一致问题就会更加严重,货币政策的可信度问题就显得更加重要和迫切,然后价格稳定又会被赋予和通胀相同的重要性,并进一步调整可信度与灵活度之间的均衡来加强货币当局抑制通胀的政策承诺。艾菲格和斯科林对 25 个左翼政府国家 40 年数据的实证研究支持了他们提出的观点。

第二章

中央银行独立性的理论与述评

<h2 style="text-align:center">◆ 第一节 ◆</h2>

中央银行独立性的基础理论

一、通胀偏差产生的原因：时间不一致理论和政治经济周期理论

中央银行独立性的基础理论体系与通胀偏差问题密切相关，解释通胀偏差问题主要有两方面的理论：时间不一致理论和政治经济周期理论。

（一）时间不一致理论

1977 年基德兰德（Finn Kydland）和普雷斯科特（Edward Prescott）创立了时间不一致理论，在此基础上，巴罗（Barro）和高登（Gordon）在 1983 年引入了信誉机制，增加了预期形成理论，将时间不一致理论扩展到货币政策领域，从而详细地阐释了货币政策中的时间不一致问题。

所谓"时间不一致"（time inconsistency）是指在 t 时刻按照最优化原则策划一项 t＋i 时执行的政策，而在 t＋i 时这项政策已经不再是最优选择，从而引发政策调整的问题。凡是具有上述特征的政策就具有时间不一致性特征。反之，一项时间一致的政策是指在没有新的信息出现的情况下，该项政策不但在制定时是最优的，而且在以后的执行过程中也是最优的。显然，对于公众而言，一项时间不一致的政策是不可信的，理性的决策者不会真正实施，而会采取相机抉择的策略，重新选择最优的政策。

巴罗和高登将时间不一致理论扩展到货币政策领域，他们认为，当货币当局宣布将采用某个通胀目标时，这个通胀目标是事前最优的，它使政府的损失函数达到最小。但是如果公众相信政府的承诺，并且依此形成通胀预期和设定名义工资，那么在给定名义工资的情况下，之前货币当局所宣布的通胀目标对政府来说就不再是最优的了，因为非预期的通胀可以增加产出，缺乏规则约束的货币当局就有违反自己承诺的动力。但是公众在形成自己的通胀预期时会考虑到货币当局违背承诺的可能性，从而相应提高通胀预期，使得货币当局所宣布的通胀目标无法操作，最终导致通胀偏差问题，即

在均衡状态时,相机抉择比固定规则情况下的通胀要高,但是两种情况下的产出相同。因此,货币政策的时间不一致性不利于中央银行实现货币政策目标,降低了货币政策的有效性。巴罗和高登进一步指出,为控制通胀,提高货币当局政策的可信度,必须对货币当局实施某些外部规则的约束。

一般认为,上述货币政策领域存在的时间不一致问题必须符合以下几个假设:(1)经济主体具有理性预期;(2)经济体系存在一个稳定的均衡产出增长率,即自然失业率不变;(3)短期内通胀与失业率存在替代关系,长期内货币中性,即短期菲利普斯曲线斜率为负,长期菲利普斯曲线垂直;(4)政府当局与经济主体之间存在非合作博弈。具体分析如下:

经济总产出函数形式为:

$$y = y_n + b(\pi - \pi^e) + \varepsilon \tag{2.1}$$

等式中,y 为产出;y_n 为自然产出;π 为通胀率;π^e 为预期通胀率;ε 为误差项,其均值为 0;b 表示预期之外的通胀对产出的影响程度,$b<0$。假设中央银行想要使社会总损失最小化,该损失函数由产出和通胀波动决定,那么其形式为:

$$V = \frac{1}{2} [a\pi^2 + (y - y_n - k)^2] \tag{2.2}$$

其中,a 表示中央银行给予通胀率在社会损失中的权重(相对于产出波动而言),$a>0$。假设中央银行想要同时稳定产出和通胀,通胀率要稳定在 0 附近的水平,但产出要稳定在 $y_n + k$ 附近的水平。$k>0$ 是由于政府对中央银行施加政治压力,以期通过经济扩张提高他们重新当选的概率。由此可以看出,k 的存在使货币政策结果受到了很大的负面影响,增大了社会的总损失,为减少这种影响,应进行制度改革以减轻对中央银行的政治干扰。

把(2.1)式代入(2.2)式,忽略误差项并求导:

$$\frac{\mathrm{d}V}{\mathrm{d}\pi} = a\pi^2 + b^2(\pi - \pi^e) - bk \tag{2.3}$$

使$\frac{\mathrm{d}V}{\mathrm{d}\pi} = 0$,那么

$$\pi = \frac{bk}{a} + b^2$$

相机抉择的策略下,中央银行选择的通胀率为:

$$\pi = \frac{bk}{a} + b^2 > 0 \qquad (2.4)$$

为了实现政府的目标产出 $y_n + k$，必须使 $\pi - \pi^e > 0$，中央银行需要尽可能降低经济主体的通胀预期。假设中央银行宣布它将使通胀为零，并假设公众相信这一政策，满足社会损失最小化的通胀率为：$\pi = \frac{bk}{a} + b^2 > 0$。这里，一旦私人部门已经形成零通胀的预期，中央银行应当执行的最优政策就是设定一个正的通胀率。由于最优的货币政策选择在通胀预期形成前后发生了变化，即存在着时间不一致性，对于中央银行来说，就有违背承诺、制造通胀的动机。这正是相机抉择政策下出现通货膨胀偏差的重要原因。因此，理性预期假设下，公众不会相信中央银行的宣告，在重复博弈的过程中，中央银行无法对零通胀做出令人信服的承诺，而私人部门考虑到政府的企图，最终会将预期通胀率调整到与实际通胀率相等的水平，即 $\pi = \pi^e > 0$，代入(2.3)式并令其等于零，得到：

$$\pi = \frac{bk}{a}$$

在这个通胀水平下，根据(2.1)式和(2.2)式，社会损失为：

$$V_d = \frac{1}{2} k^2 \left(1 + b\frac{2}{a}\right) \qquad (2.5)$$

而如果改变上述主要假设，使中央银行在宣布零通胀政策后能够坚持这一规则，使 $\pi = \pi^e = 0$，那么相应的社会损失为：

$$V_p = \frac{1}{2} k^2$$

$V_d > V_p$，说明相机抉择的货币政策将造成更大的社会损失。由此巴罗和高登等人认为，在货币政策的操作策略方面，规则优于相机抉择，相机抉择政策会导致平均通胀偏差。但是显然遵循简单规则会限制中央银行针对意外冲击做出反应的能力。

巴罗(Barro,1986)又进一步提出了不完全信息声誉模型。不完全信息声誉模型假设政策制定者的任期是有限的，且存在两种可能，即他可能是坚定反通胀的"坚强决策者"，也可能是放纵通胀的"软弱决策者"，但是公众并不能彻底了解政策制定者的类型，只能依靠中央银行执行的货币政策来推断其偏好。坚强决策者肯定是守信的,而软弱的决策者为了平衡未来高通胀的损失,在开始的时候不得不执行低通胀政策。因为公众总是不能了解政策制定者的类型,"软弱决策者"必须不断地向公众传递这种信息,才能保持自己的声誉,所以软弱决策者更看重未来时期的社会福利,而且在位时间越长,他就越看重自己的"声誉",这种"声誉"对其相机抉择倾向的制约就越大。但是声誉约束也可能随时瓦解,尤其是在最后一期,政府制定者为提高产出,可能利用已经建立的信誉而采取相机抉择的欺骗策略。

巴罗和高登对货币政策时间不一致性的主要贡献在于引入信誉机制。通过信誉机制把政府的实际战略选择与公众的通胀预期联系起来。作为一种全新的货币政策研究框架,巴罗—高登模型强调了中央银行动机对于货币政策结果的重要性,同时也突出了可信度的作用。

时间不一致理论已经成为当前支持中央银行独立观点中最重要的一种理论。

(二)政治经济周期理论

政治经济周期(political business cycle,PBC)是指由政治过程引发的经济周期性波动。政治经济周期理论假说大致可以划分为两类,一是从政府谋求连任的策略性政策选择分析经济运行周期,代表性的研究是诺德豪斯(William D. Nordhaus,1975)—麦克雷(C.Duncan MacRae,1977)模型。二是从政党的意识形态分析经济运行周期。政治经济周期的研究文献表明,为使政策规则可信,必须建立某种强制性机制。这种机制必须能够以某种不受机会主义或者党派意识形态影响的方式来制定经济政策。这就为独立的中央银行体制提供了理论基础。

诺德豪斯和麦克雷以菲利普斯曲线的替换关系为出发点,并假定经济主体以过去观察到的通胀率为标准适应性地调整自己的通胀预期,从而建立了政治经济周期的机会主义模型。该模型以适应性预期为前提,认为决定货币政策最明显的因素是政治因素,在政治家能够影响或控制中央银行政策的前提下,当选的政治家可能会明显地出于竞选目的而利用中央银行政策(Nordhaus,1975)。模型假定全体选民只关心失业水平和通胀,根据经济状况做出选举决策,而中央银行政策会影响这种经济状况。因此,政治家为最大化其再次当选的机会,往往实行扩张性的货币政策,人为地制造一种经济上的繁荣景象;在一届政府当选之后,政府采取的措施是实行紧缩性的经济政策来降低实际通胀率,以降低人们的通胀预期,在此过程中失业率也会上升。这种当选后初期的紧缩政策选择作为对将来的一种"投资",可以使短期菲利普斯曲线在政府当权后期接近于"初始状态"。而在当选前夕,政府则会实行扩张性的经济政策,即以"适度"的通胀为代价以便降低失业率,从而引发宏观经济的周期性波动,使利率、通胀率以及其他经济变量比原来更不稳定,也更不可能被预测。所以,这种政治经济周期实质上是当选的政治家以整个社会的利益为代价所进行的一种游戏。诺德豪斯—麦克雷模型的基本命题是:经济运行往往围绕大选日期而波动,在大选之前政府一般都采取有利于自己当选的经济措施,而把不利的经济后果拖延到大选之后。

同一时期,瓦格纳(Richard Wagner,1977)也提出了政治铸币税经济周期理论。瓦格纳认为,从另一个角度看,政治性经济周期其实就是政府在选举前追求铸币税最大化的产物。因为以中央银行的货币注入为政府支出提供资金,比通过公开市场购买证券注入资金要好。政治铸币税经济周期理论中,周期性的货币扩张也是以谋取连任来解释的,但是选民关心的可能是当地的经济状况而非整个经济体系。瓦格纳认为,其中介目标不是改变通胀和失业率。而是为政府支出融资,这种收买选票的方法将会更有效。

希布斯(Daugals A. Hibbs;1975,1977,1987,1988)建立了政治经济周期的党派模型。他发现,左翼政府比右翼政府更愿意选择较低的失业率和较高的通胀率。在一个两党轮流执政的国家中,不同政党的政府就要制定与实施不同的政策,这就意味着政策的反复调整。因此必然要发生与大选日期同步的经济波动。

前述的政治经济周期理论模型的前提均是适应性预期,在 20 世纪 80 年代宏观经济学的理性预期革命之后,政治性经济周期理论有了新的发展。

罗戈夫和赛伯特(Rogoff and Sibert,1988)发展了理性机会主义模型,他们的研究表明,只要在投票人与政策制定者之间存在信息不对称性,诺德豪斯模型的某些内涵即使在有理性预期的模型中依然能够得到保留。换言之,并不是只有在投票人是短视的、非理性的情况下,政治家才能制造政治经济周期。最优政策只有在经济主体、投票人和政治家之间信息对称的政治环境中才可能存在。由于这一条件不可能得到满足，因此，政治家就有实施非最优政策的机会。贝克（Beck，1982）、阿莱西纳和萨克斯（Alesina and Sachs，1988）以及哈弗里莱斯基（Havrilesky，1988）等人指出了诺德豪斯—麦克雷模型的不足，他们认为该模型一个最大缺陷就是忽视了一个重要因素：偏好不同的两个党派会产生政治不稳定性，进而导致产出易变性。他们发展了理性党派的政治周期理论，他们认为，存在两个党派，各有不同的通胀—失业的政策组合，反映了该党所吸引的关键选民的偏好，而实现这些目标就是该政党希望获得当选的原因。这意味着在总体上最接近于一个政党的政治主张的政策就与能够最大化该党当选机会的政策之间存在着一种取舍关系，选举前关于选举后政策取向的宣传中，真正可靠的是那种与该党本来的政治主张相一致的政策。不同政党不可能真正实现政策趋同。虽然经济主体具有理性预期，但其关于选举结果的信息却是不完全的，并且在分散的时期签订的劳动合同在选举结果宣布之后会继续得到履行，因此，选举之后出现的通胀率就可能与选举前投票者所形成的通胀的理性预期有所不同。因此，尽管存在理性预期，意料之外的通胀还是能够发生的。因此，在加入了理性预期的党派模型中，政治经济周期依然存在。阿莱西纳和萨克斯同时还进行了实证研究，其研究表明，在美国民主党和共和党的总统任期内，实际国民生产总值（GNP）增长率存在着很大差异，但是这种差异仅存在于总统任期的前半时期。在所有民主党执政时期的前半段（1949—1984年），实际 GNP 年平均增长率为 5.0%，大大高于所有政府的年平均增长率（约为 4.2%）。而在共和党执政的前半期，实际 GNP 年平均增长率仅为1.2%。

政治经济周期理论的研究证明政治家并不能最优地使用货币工具，为了避免货币政策为政客而非社会公众服务，成为政府谋取连任的伎俩，并缓和因政府更迭而造成的经济波动，从而使经济运行有一个稳定的货币环境，上述研究大都希望能够建立起杜绝政策制定者采取非稳定性政策的体系，自然也就支持货币政策的固定规则观点，并坚持建立一个中立的、免受政治压力的中央银行来独立地管理货币政策。阿莱西纳（Alesina，1987，1988）就是以上述政治经济周期假说为理论基础分析加强中央银行独立性的合理性的西方学者之一。在他们看来,确保中央银行享受充分的独立性就可以保证货币政策的稳定性和消除政治性经济周期。

二、通胀偏差问题的解决:"保守的中央银行家"理论和"委托—代理"理论

时间不一致理论和政治经济周期理论从不同角度说明了通胀偏差的存在及其负面影响。为消除或减小通胀偏差,上述理论推论强调应当遵守固定的货币政策规则而不是相机抉择。但是显然遵循简单规则会限制中央银行针对意外冲击做出反应的能力。相机抉择使货币政策具有灵活性的优势,能够应对现实世界的不确定性和各种外在冲击。那么,有没有什么办法能够消除或减小通胀偏差,同时又能够保持灵活性,兼得固定规则的可信性与相机抉择与灵活性的好处呢? 在此基础上,解决通胀偏差问题的思路主要有"保守的中央银行家"理论(Rogoff,1985;Lohmann,1992)和"委托—代理"理论(Persson and Tabellini,1993;Walsh, 1995;Svensson,1997)。

(一)"保守的中央银行家"理论

罗戈夫(Rogoff,1985)提出了"保守的中央银行家"理论。他认为,如果政策制定者在其他事情决策之前将货币政策制定的权力委托给一个独立性机构,即由保守的中央银行家来完成既定的通胀目标,并在宪法中明确赋予中央银行更大的独立性,赋予其独立地履行货币政策管理的权力,那么时间不一致问题会得到缓解,最终减少政策制定者的社会损失,社会福利就会增加。这里的"保守"指的是这个中央银行家比政府官僚或社会公众更加厌恶通胀,因此,他更偏好于稳定的价格水平,但对产出波动缺乏敏感性。

这种"保守的中央银行家"须具备下述条件:(1)厌恶通货膨胀;(2)在社会福利函数中更能加大通胀方差;(3)必须具有独立性,即事先有货币政策选择权,事后不被革职;(4)其通胀偏好可以与政策制定者不一致。按照罗戈夫的理论,这样的银行家将降低平均的通胀率,但会增加产出波动性。从实证的意义上来说,"保守的中央银行家"的存在意味着中央银行独立性指标应与平均通胀率负相关,与产出波动率正相关。反过来说,如果中央银行

家的通胀偏好(保守性)与政府相同,那么中央银行独立性就不起作用。如果中央银行没有任何独立性,中央银行家的保守性也不起任何作用。

这里,中央银行家的个人损失函数为:

$$V = \frac{1}{2} \left[\ a_c \pi^2 + (y - y_n - k)^2\ \right] \tag{2.6}$$

将(2.1)式代入(2.5)式,对 π 求导,得出保守的中央银行家相机抉择下的最优通胀率为:

$$\pi = \frac{bk}{a_c} + b^2 > 0 \tag{2.7}$$

其中,由于中央银行家的保守, $a_c > a$,将(2.4)式与(2.7)式相比则有:

$$\frac{bk}{a} + b^2 > \frac{bk}{a_c} + b^2$$

这表明,保守的中央银行家独立执行货币政策,即使在相机抉择的情况下,也可以得出相对更低的通胀率。货币政策在灵活度和可信度之间求得均衡。尽管中央银行的货币政策仍然是时间不一致的,但因为中央银行更加重视通胀造成的成本,就会执行"保守"的货币政策,对外部冲击的干扰只采取比较小的应对措施,而只要公众相信货币政策决策者是保守的,公众预期的通胀率就会降低,从而减小乃至消除货币政策内在的通胀偏差。因此,立宪方法实际上是对价格稳定政策的一个可信的承诺,这种对保守的中央银行家的授权,既包含了目标独立性,也包含了工具独立性。这种制度安排的好处是获得较低的平均通胀,而代价则取决于总供给冲击的具体情况,即会增加产出的波动性。

罗戈夫的理论模型具有一定的现实意义,德国联邦银行往往被看成是罗戈夫保守中央银行家模型的理想实例。在许多国家,中央银行对政府具备一定的独立性,而且在低通胀国家或者在低通胀时期,人们通常将控制通胀的成就归功于反通胀的中央银行。不过阿莱西纳和萨默斯(Alesina and Summers,1993)的实证检验认为,在发达国家并不存在罗戈夫关于政策可信度与政策灵活性之间存在替代关系的理论推断。

在罗戈夫的委托代理模型中,保守的中央银行也不能有效地抵消意外事件的干扰。因为保守的中央银行的低通胀偏好是固定不变的,如果经济发生了意外,比如发生了不利的供给冲击,那么保守的中央银行执行的低通胀政策就会造成产出更大的波动。为了解决这一问题，罗曼(Lohmann，1992)在罗戈夫的理论基础上进行了补充，他指出，如果政府在任命一个保守的中央银行行长的同时，又对中央银行的独立性有所限制，以便在总供给冲击过大时废止中央银行的措施，这样政府可以做得更好。当然，多大的冲击发生时政府才应该压制中央银行的独立性，取决于政府本身的成本收益比较。政府限制中央银行独立性的成本，因政府决策程序(如多数票原则)和中央银行制度设计(中央银行的预算自主程度，复杂而秘密的决策程序，以及中央银行决策者的任期等等)而不同，这种成本可具体表现为不同形式，比如讨论的时间以及政府本身的信誉等。政府保留对中央银行货币政策的否决权，而且行使否决权要付出成本的制度安排对政府和中央银行双方都产生约束力，前者迫使中央银行在特殊情况下更加重视产出波动，后者使政府不能随意地行使否决权，避免政府实行完全相机抉择的策略，随意选择不同偏好的中央银行来实现其短期的最优目标。在这种分析框架下，虽然中央银行是独立的，但它们仍然考虑政府偏好。所以，即使两个中央银行法律上的独立性相同，在实践中两个中央银行事实上的独立性也会存在巨大差异，这种差异的大小取决于政府践踏中央银行独立性的净收益。

在这种制度安排下，政府、中央银行和公众三者博弈的均衡结果是，政府通过选择最优的保守中央银行和否决成本，诱导中央银行决策者采取非线性的政策规则，政府、中央银行和公众三者都能使各自的目标最优化。在通常情况下，如果外部冲击位于适当的范围内，中央银行完全不受干预，它将根据自己的偏好执行相机抉择的政策，中央银行实行保守的货币政策对于产出的方差不会超过政府行使否决权的成本，政府不会否决中央银行的货币政策。但在特殊情况下，如果发生了很大的外部冲击，超过了正常的范围，中央银行的保守政策可能导致产出大幅波动，中央银行决策者为了避免被革职，就不得不暂时放弃自身的低通胀目标，转而采取更加激进的政策降低产出波动，以适应政府的目标。

罗曼实际上进一步提出了中央银行独立性被政府践踏的可能性，这种践踏会产生社会成本，从而需要计入社会福利损失函数中去。在2008—2009年的全球金融危机中，世界上许多国家在经济上遭遇了强大的冲击，中央银行与政府之间的决策均衡问题使人们开始进一步关注罗曼的理论。

从罗戈夫和罗曼模型引出的极为重要的结论是社会委托一个保守的独立的中央银行家以后，经济均衡时通胀率普遍较低。但是，一旦发生供给冲击将导致较大的产出变动，中央银行抵消产出供给冲击带来的通胀影响的能力较低，因此，在供给巨大变动时，委任一个只关注低水平稳定通胀的中央银行家并非是经济上的最优选择。沃勒和沃什（Waller and Walsh，1996）提出了不同的解决方案，他们认为，在独立的中央银行条件下，不同的中央银行家任期与不同程度的保守性两相搭配可以在不增加产出波动性的同时降低通胀偏差。一方面，保守的中央银行家过于厌恶通胀，他更多地关注通胀率在短期菲利普斯曲线上的变动区间，而较少关心产出的变化情况，导致较大的产出波动；另一方面，"党派政治"产生了选举扰动（election surprise），增加了政策的不确定性，使中央银行家的任期长于政府官员的任期，或者增加中央银行家的任期次数，这样能够减轻选举扰动对产出波动的负面影响，降低产出波动性。

沃玛克（Wekmark，2001）论证了中央银行独立性程度与中央银行家保守性程度的搭配能够产生一系列的最优结果。她认为中央银行的独立性和保守性是同时被内生决定的，她把中央银行独立性和保守性的自然搭配作为政府与中央银行战略性博弈的结果，并在她的模型中引入财政政策，从财政、货币政策搭配的角度解释了可信性与灵活性兼得是可能的。海勒和沃玛克（Hallett and Wekmark，2005）进一步说明，在均衡状态下，较低的中央银行独立性要求中央银行家具有更高的保守性，与中央银行完全的独立性有一个相对小的偏离就需要中央银行家增加相对更多的保守性来补偿。

（二）"委托—代理"理论

佩尔松和塔贝利尼（Persson ang Tabellini，1993）、沃什（Walsh，1995）和斯文森（Svensson，1997）先后提出并发展了"委托—代理"理论。

相机抉择的货币政策之所以具有时间非一致性，其原因在于当社会公众的通胀预期既定时，货币政策主管当局改变事先承诺所带来的经济增长效益大于通胀所造成的损失。如果通过适当的制度安排既保证中央银行独立地制定与实施货币政策，又能使中央银行无法从突然地扩大货币供给中获得收益，那么就可以实现货币政策的选择兼顾可信度与灵活性两个方面。

　　"委托—代理"理论把货币当局机构的设计看作是中央银行和政府当局之间构造的相关契约,将货币政策模型化为合同关系。该理论把政府看作委托人,把中央银行看作代理人,双方签订契约,选择一名中央银行决策者作为法人代表与政府就通胀目标或路径达成协议并签订书面契约,契约中明确规定双方根据历史经验、现实情况和未来预期而确定的通胀率,政府将货币政策的自由选择权赋予中央银行决策者,由他代理履行,同时政府对中央银行货币政策的成果进行评价,并承诺据此给予中央银行惩罚或者奖励。如果实际通胀率高于契约规定的通胀率,中央银行及其管理者应承担责任并接受惩罚。例如,扣减薪水、解雇职位、名誉损失等。新西兰中央银行改革往往被视为按照"委托—代理"理论设计制度安排的例子。①

　　"委托—代理"理论与"保守的中央银行家"理论二者在分析方法和思维逻辑上有着密切的联系。两者在本质上都属于委托—代理关系,"委托—代理"理论实际上是通过正式契约进一步将中央银行家的保守性固定下来,使这种保守性不再是个人的偏好,而使中央银行家在其制度设计下出于自身利益考虑不得不遵循契约所规定的保守属性。同样,"委托—代理"理论与"保守的中央银行家"理论中中央银行的独立性程度是有差别的。"保守的中央银行家"模型下的中央银行具有完全的独立性,既具有政策目标的独立性,又具有政策工具使用的独立性,这等同于政府将货币政策制定全权委托给了"保守的中央银行家"。而"委托—代理"理论下的中央银行不具有政策目标的独立性,仅仅具有工具的独立性,也就是政府将货币政策政策制定权的特定部分委托给了中央银行家。两者虽然在本质上都是委托—代理关系,但是在两种制度安排下,中央银行的独立性程度是有差别的。

　　在"委托—代理"理论基础上,斯文森(Svensson,1995)又进一步提出了最优通胀目标制。最优通胀目标制是消除中央银行相机抉择政策通胀偏差的另一种方法。一般而言,最优通胀目标制也是一种委托代理方法,即政府或者相关的机构为中央银行确定具体的损失函数,如对通胀和产出的偏好,

---

　　①　1989年以来,新西兰开始将每年的通货膨胀目标定为0～2%。根据其《政策目标协议》,新西兰储备银行同意政府所制定的通胀目标,对于通胀目标负有完全的责任,而且该目标达到与否还直接关系到储备银行行长的任免。当通胀率突破2%时,储备银行的董事要被解雇。

以及具体的通胀目标和产出目标,并委托中央银行实施货币政策操作,要求中央银行实现明确的通胀目标,而政府不干预中央银行的具体操作。这种制度使中央银行在选择货币政策的具体操作方面具有独立性,但是货币政策的目标不具有独立性。只要确定了适当的通胀目标,中央银行的相机抉择政策也能消除通胀偏差,实现与最优合同制度以及有承诺的相机抉择规则相同的均衡结果。

◆ 第二节 ◆

关于中央银行独立性影响因素的不同观点

本书通过对各种研究文献进行梳理和归纳后发现,在发展中国家中央银行独立性的影响因素方面,理论上主要有两种观点:一种是西方主流观点,即中央银行独立是"免费的午餐"的观点,;另一种观点认为,中央银行独立性是内生决定的,这种观点是非主流的观点。

一、西方主流观点:"免费的午餐"

这种观点是西方的主流观点。它从时间不一致理论和政治经济周期理论入手,为了解决这两种理论提出的通胀偏差问题,基于"保守的中央银行家"理论和"委托—代理"理论提出了中央银行独立的制度安排。为证明这种制度安排的合理性,相关的学者们花了大量的精力进行了非常多的实证研究,主要的研究目的就是寻求"中央银行独立性影响了什么",即寻求中央银行独立可以解决通胀偏差问题乃至促进经济增长的证据。

相关学者研究了中央银行独立性对通胀、经济增长、利率、汇率制度、就业、投资、财政赤字等经济变量的影响,分析了中央银行独立性与这些经济变量的关系。这些学者基本证实了中央银行独立性的提高可以抑制通胀的命题。同时,尽管提高中央银行独立性与经济增长的关系并没有像学者们所希望的那样正相关,但是起码证明了中央银行独立性的提高不会损害经济增长。正如吉瑞林(Grilli,1991)所说:"如果中央银行独立可以带来更低的通胀率,同时又不会对实际经济增长及其波动产生系统性冲击,这样的话,中央银行独立就像一顿免费的午餐,能够带来实际收益又不必付出明显的成本。"这就是西方的主流观点,它认为,中央银行独立的制度安排可以抑制通胀、增强货币的稳定性,同时又不会影响经济增长,是一顿"免费的午餐",建立中央银行独立制度、提高中央银行独立性是一种低成本、高收益的制度安排。

"免费的午餐"的观点认为,中央银行独立性的提高可以抑制通胀而且不影响经济增长(甚至有利于经济增长),这种低成本、高收益的制度安排同样也适用于发展中国家,发展中国家应当积极采纳这种制度进行改革,以增强其中央银行的独立性。

"免费的午餐"的观点在提倡和支持发展中国家加强中央银行独立性、建立中央银行独立制度的同时,一直有意或无意地忽略了对"哪些因素会影响中央银行独立性"这样一个重要问题的研究。这种观点实际上隐含着一个假设,即认为中央银行独立性是一种可以随意设置和改变的变量,或者说认为中央银行独立性是一个外生变量。从这种观点出发,20 世纪 80 年代末以来发展中国家纷纷增强中央银行独立性的原因正是由于这种制度安排可以有效地抑制通胀而且不影响经济增长。或者说,发展中国家中央银行独立性的决定和影响因素仅仅在于其国内经济运行中抑制通胀的要求。

这种"免费的午餐"的观点实际上反映了一种新自由主义的思想。新自由主义的代表人物哈耶克提倡彻底的经济自由主义,反对一切形式的国家干预,甚至认为最好的货币制度就是"货币的非国家化"。哈耶克认为,政府对货币发行权的垄断是造成经济不稳定的直接根源,失业与通胀都是因此而发生。如果国家垄断了货币发行权,私人经济活动必将受到限制,市场机制也将无法充分发挥调节作用,从而私人投资的积极性就将受到挫伤、市场将不能提供更多的就业机会。哈耶克还认为,通胀是政府滥用货币发行权制造财政赤字的后果,拥有独占货币发行权的政府可以根据自己的需要无所顾忌地把过量的货币投入市场。正如缺少竞争将使货币的垄断供给者不必受制于正常的规律一样，拥有独占货币发行权的政府则可以不必把自己的开支保持于岁入之内。中央银行独立的观点其实正是这一思想在特定环境下的体现，将货币政策的权力赋予独立于政府之外的中央银行，减轻政府在货币政策上的垄断程度，减少政府对货币政策的干预，其实正是"货币的非国家化"的一种体现。

20 世纪 80 年代末到 90 年代，正是新自由主义在西方兴起并泛滥的时期，这种"免费的午餐"的观点正是新自由主义在货币政策制度安排上的体现，中央银行独立制度在全球扩散的时间与新自由主义在西方兴起并泛滥的时期不谋而合。

这种"免费的午餐"的观点的研究基本证明了，在发达国家，中央银行独立性与通胀存在一定程度上的负相关关系。但是，在对发展中国家的研究上仍存在一些不足，尽管不少学者也证实了发展中国家中央银行独立性与通胀也存在一定程度上的负相关关系，但是这种关系往往高度敏感。

本书认为，中央银行独立性与通胀之间的作用机制是存在的，即在发达国家引起二者负相关关系的作用机制在发展中国家也应同样存在。但是由于发展中国家自身的特点，其各项制度框架还不够成熟和稳定，这种机制及其引起的相关关系受到许多其他因素的干扰，表现为二者之间联系的高度敏感，使发展中国家的中央银行独立性问题显得更为复杂。目前学术界更应关注这些干扰因素的研究和分析。

二、非主流观点：中央银行独立性内生决定

不少学者从政治经济学的角度出发，提出了与主流观点不同的看法。作为非主流观点，这条线索的研究首先提出的问题是"哪些因素影响和决定了中央银行的独立性？"这些学者从一国内部政府、组织和市场主体的经济人假设出发，从利益集团博弈、政治政党制度、法律制度等角度探讨了中央银行独立性的影响和决定。他们的主要观点是，中央银行的独立性并非是为实现价格稳定目标而必须引入的一个外生变量，恰恰相反，中央银行独立性是"嵌入"于一国具体的经济、政治、法律制度以及通胀偏好、社会条件中的，也就是说，它是内生决定的。不同的通胀偏好、利益集团结构、制度选

择可能内生决定了各国中央银行独立性水平的差异。而且,这方面的研究大多认为,相对于发达国家来说,发展中国家的中央银行独立性更具有内生的特点。

非主流观点的代表人物坡森(Posen,1993)提出了一种"利益而不是机构"的研究方法。他认为经济政策反映不同利益集团为争取自身利益而进行的斗争和努力。金融部门是高度厌恶通胀的,而货币政策会受到金融部门政治游说的影响。偏好低利率的利益集团主要包括金融业者、贷款者等,而偏好高利率的利益集团主要是储蓄者,二者相比,偏好低利率的利益集团更有力量去游说和影响货币政策的形成。偏好低利率的利益集团往往能够成功地影响并形成短期的、有利于低利率的货币政策,而偏好高利率的利益集团很少能对货币政策有影响。

从这种分析角度出发,事实上并不是外生的中央银行独立制度降低了通胀率,而只是私人金融部门将通胀厌恶的偏好更好地传递给了货币当局,从而实现了低通胀。金融部门和社会其他部门合起来形成社会对通胀的态度,决定了通胀率,也同时决定了中央银行独立性的程度。这表明,由于通胀率和中央银行独立性受相同的因素影响,导致它们之间具有相关性,但二者之间并无因果关系。

非主流观点认为,中央银行独立是一项经济制度,但也是一个政治决定,独立的中央银行以及中央银行独立性的程度是政治家理性选择的结果。

首先,当政府官员、立法机构和政府的政治同盟存在不同的货币政策偏好或激励时,政府官员害怕立法机构和政治同盟因为货币政策上意见的不一致而放弃支持政府时,因此倾向于选择独立的中央银行,以规避政治上的冲突,赢得更多的政治支持。

其次,货币政策的效果会对经济系统产生很多间接性的影响,由此,货币政策经常导致出乎政府意料的结果,政治家有动机规避这种不确定性对其执政地位的威胁。同时,货币政策的改变会对经济的不同部门产生再分配效应,政治家也有动机规避这种由再分配而产生的政治压力。

再次,随着金融市场的发展,人们越来越多地进入金融市场。金融市场日益成为人们创造和积累财富的场所,也成为财富分化和社会力量分化的场所,中央银行的任何货币政策调整都会打破金融市场中现有的收入分配格局，从而可能招致来自不同利益集团的不满。如果政府将货币政策管理权委托给独立的中央银行，那么，追求选票最大化的政府就可免受来自不同利益集团的政治压力。中央银行独立性这一制度设计为政治家提供了一种规避政治风险的机制。

最后，金融市场和金融技术的复杂化、专业化，使得政治家倾向于将货币政策制定权交给专业机构和专业人员，即倾向于将货币政策制定权交给独立的中央银行。

总之，持这种观点的文献研究一般都认为，在发展中国家，中央银行独立性更具有内生的特点，中央银行独立性的影响因素更为复杂和多样。有的文献认为发展中国家中央银行的独立性可能与一国的通胀偏好有关（Hayo，1998），有的认为与金融部门发展有关（Posen，1993），有的认为与一国的利益集团有关（Miller，1998），还有学者提出了政治制度、政党制度、司法制度、政府债务等相关影响因素（Posen，1993；Bagheri and Habibi，1998；Farvaque，2000；Voigt，2000；Maier，2000）。

◆ 第三节 ◆

对相关理论的评论与本书观点

一、对相关理论的评论

（一）对主流观点的评论

从基础理论来看，时间不一致理论、政治经济周期理论、"保守的中央银行家"理论和"委托—代理"理论等主流的中央银行独立性理论，其建立的前提和背景是西方发达国家完善的市场经济制度、法律制度和社会环境。而在发展中国家，市场经济制度、法律制度往往还不完善、不成熟，主流中央银行独立性理论的前提和背景并不能够充分实现。

　　时间不一致理论中包括两个重要的假设前提：一是公众对货币政策的理性预期；二是在理性预期基础上进行工资议价，工会组织在政府与公众的博弈之中充当着重要的角色。时间不一致理论认为工人的理性预期加上工会组织的社会力量导致工人最优的工资水平得以实现，它将工会组织的力量作为政策博弈的中间传递机制。而从发展中国家的现实来看，在市场经济制度、法律制度不完善的情况下，即使公众的理性预期假设有一定合理性，但是工会组织的力量是否能将其预期反映到工资议价之中去值得怀疑。发达国家的工资议价和政策博弈也难以完全在发展中国家同样出现。因此，时间不一致理论在发展中国家的适用性将大大减弱。

　　此外，即使满足以上假设，主流的中央银行独立性理论仍然存在一些问题。一是在主流理论中，中央银行家将目标产出率设定到高出自然率的水平时才可能出现通胀偏差问题，而在实践中，中央银行家是否会将目标产出率设定到高出自然率的水平还缺乏进一步的研究，是一个未知数。二是时间不一致理论、政治经济周期理论所提出的只是通胀的一种成因，并不是通胀的主要原因。三是如果时间不一致理论和政治经济周期理论所提出的通胀偏差是存在的，那么，委托—代理理论提出的解决方案（包括全权委托给保守的银行家）只是改变了通胀偏差存在的形式，换言之，委托代理制下"时间不一致性"并没有得到解决，而只是被重新配置了。

　　从"免费的午餐"观点来看，这种观点同样也忽视了发达国家与发展中国家制度环境的巨大差异。

　　首先，它实际上隐含着这样的一个假设，即政府是"仁慈"的社会福利最大化的追求者，它会主动且积极采纳社会福利增进型的改革举措，而不考虑政府内部某些利益集团的损失。这个假设本身就存在一定的问题，因为在许多情况下，政府是自身利益最大化的追求者而非社会福利最大化的追求者。相对来说，这个假设对发达国家更适用。在发达国家，政府本身受到一系列完善的法律制度的约束，民主程度更高，政府更可能追求社会福利最大化；而在发展中国家，政府的行为往往缺乏完善的法律制度的制约，追求社会福利最大化的可能性相对较小。

　　其次，"免费的午餐"观点显然忽略了一个问题，即"哪些因素影响和决定了中央银行独立性？"。这种观点实际上隐含着一个假设，即认为中央银行独立性是一种可以随意设置和改变的变量，或者说认为中央银行独立性是一个外生变量。这显然并不符合事实。

再次，在中央银行独立性与通胀关系的实证研究上，"免费的午餐"观点在发达国家的样本中获得了比较一致的结论，即中央银行独立性与通胀负相关。但是，针对发展中国家样本的研究却发现，这种相关关系非常脆弱和敏感。

但是，"免费的午餐"观点也有其合理性。在发展中国家，政府主导经济发展的程度更强，经济增长和就业往往是其首要的目标。政府在经济社会中缺乏成熟完善的法律制度的制约，发展中国家政府扩张货币的冲动比发达国家更强烈，由此往往导致通胀的出现。时间不一致理论和政治经济周期理论中的一些基本机制和原理确实在发展中国家也同样存在，只是这种机制和原理受到更多不确定因素的干扰。在此基础上，中央银行独立的制度安排也确实能够在一定程度上抑制政府扩张货币的冲动，减轻由于政治原因所带来的通胀，只是这种抑制作用在发展中国家往往会因受到更多其他因素的干扰而被减弱或者抵消，使得发展中国家中央银行独立性与通胀负相关的关系变得十分脆弱和敏感。

（二）对非主流观点的评论

"中央银行独立性内生决定"的观点将政府与其他社会主体都假设为一个自身利益的最大化者，从而解释一个至关重要的问题，即"哪些因素影响和决定了中央银行独立性？"，这正是主流观点所忽略的。

但是，这种观点的相关研究也存在着一些不足。

首先，这条线索在强调中央银行独立性内生决定的同时也在一定程度上忽视了制度变迁对社会发展、社会福利的促进作用，完全忽视了中央银行独立作为一种制度安排可能起到的积极作用，从而往往过于强调"内生"。而实际上，一种新的制度安排的建立尽管有其成本，但是只要收益足够大，或者是一种帕累托改进，是可以真正实施的。

其次，这方面的研究还没有一个较为完整的分析框架，其观点主要是建立在对主流观点的质疑和批判的基础上，缺乏较为系统的理论基础，研究数量相对较少，研究的问题也相对分散。

最后,这方面的文献在实证研究上比较缺乏。

二、已有研究的不足

（一）缺乏更宏观的视角

"免费的午餐"的观点与"中央银行独立性内生决定"的观点,这两种线索的研究各有其角度,二者的观点其实并不存在根本性的矛盾。两种观点研究的核心问题,"中央银行的独立性影响了什么?"与"什么影响了中央银行的独立性?"其实是一个问题的不同角度,前者主要是探讨中央银行独立性的影响与作用,是追寻一个事件发生的结果;后者则是探讨什么因素决定了中央银行独立性的差异,是追寻一个事件发生的原因;二者研究的内容或者对象息息相关,即中央银行的独立性影响了一些宏观经济变量,这些效果又往往成为中央银行独立的原因之一。尽管二者在中央银行独立性与通胀率的因果关系上,以及中央银行独立制度的采纳上存在争论,但从整体逻辑上看并无根本的冲突,研究者应当站在一个更为宏观的视角,以系统和整体的眼光来研究这个问题。

（二）缺乏全球化的视角

前述无论哪种观点的研究,都是着眼于一国内部的宏观经济变量或者政治、经济和社会体制,而忽略了当代世界全球化的背景。在当今世界经济全球化、政治全球化、文化和社会全球化的大趋势下,一国的货币政策制度安排不可能不受到全球化的冲击和影响。本书认为,中央银行独立的影响因素不仅来源于国内,还来源于国际的动力和压力,而且发展中国家的中央银行独立更大程度上是受到国际外部因素的影响。

（三）专门针对发展中国家的研究相对不足

从文献看,研究者针对发展中国家的研究相对不足。大量的研究对象都集中在发达国家,不少涉及发展中国家的研究也往往是发达国家和发展中国家的"合并"研究。可以比较明显地发现,在实证研究中,研究对象包含发展中国家的文献的结论与单纯研究发达国家的明显不同。比如,在样本单纯为发达国家的实证研究中,大多数得出了中央银行独立性与通胀负相关的结论,而样本包含发展中国家的研究对此则没有非常一致的结论。另外,几乎所有样本中包含发展中国家的研究,均得出了中央银行独立性与经济增长正相关的结论,而针对发达国家的研究中,大多数学者得出了中央银行独立性与经济增长之间不存在联系的结论。因此,本书认为,由于经济、政治等制度不稳定和不成熟,发展中国家的中央银行独立性问题与发达国家有明显的区别,应加强专门针对发展中国家中央银行独立性问题的研究。

（四）定性研究和案例研究不足

有关中央银行独立性的问题有大量的实证研究,但是基本的方式是采用统计回归的方式来证明其相关性,对中央银行独立性对经济变量影响的微观机制缺少定性的进一步分析。另外,具体到某一国家的中央银行独立性的影响和决定因素的研究也比较少,缺乏充分和生动的国别案例(尤其是发展中国家,特别是亚洲发展中国家)。

三、本书的观点：双重影响下的发展中国家中央银行独立性

（一）经济制度变迁的诱因

世界性的发展中国家中央银行独立的浪潮实际上是一种制度的变迁。从制度经济学的角度来看,制度变迁与创新是打破原有的制度均衡,形成新的制度均衡的过程。从世界经济发展的历史上看,西方发达国家在工业化和经济发展过程中的经济制度变迁大多属于需求诱致型的制度变迁。这种制度变迁主要是通过市场自然发展的力量,在市场主体追求自身利益最大化的过程中,各个利益方进行博弈和试错,在经济发展自然运行中最后逐渐形成制度均衡,可以说是一种自然的变迁过程。

但是 20 世纪 80 年代末以来,在全球化加速和日益深化的背景下,发展中国家的经济制度变迁日益受到全球化的影响。发展中国家中央银行的独立并非一种自然的制度变迁过程,而是在各种国际因素的压力下被迫进行的。

换言之,发展中国家中央银行独立性的提高并不仅仅是由于这种制度

安排可以在一定条件下、一定程度上抑制通胀,也不是一国国内经济运行及其相关制度自然发展的自愿要求。发展中国家中央银行独立性提高的原因更多地来自于由发达国家营造的外部压力,其根源在于发达国家在全球化过程中利用其主导地位,推行符合其意识形态和利益的经济制度模式,以便在全球化过程中获得最大的利益。

(二)双重影响下的发展中国家中央银行独立性

学术界对发达国家的实证研究得出了比较一致的结论,即中央银行独立性与通胀呈负相关关系;对发展中国家的实证研究尽管也支持这种负相关关系,但是大多学者发现这种关系非常微弱和敏感。本书认为,中央银行独立性与通胀之间的作用机制是存在的,即在发达国家引起二者负相关关系的作用机制在发展中国家也应同样存在,但是由于发展中国家本身的特点,影响发展中国家中央银行独立性的因素比发达国家更加多样和复杂,这种机制及其引起的相关关系受到更多其他因素的干扰,结果表现为二者之间的联系高度敏感。

在发展中国家,中央银行独立性与通胀负相关关系高度敏感的原因在于两个方面:

一方面是发展中国家的市场与法律制度不完善,政府行为缺乏规则的约束。[①]例如,在发展中国家的财政政策和货币政策之间往往存在"跷跷板"效应(seesaw effect),即中央银行独立使得政府在货币政策上无法采取措施时,政府往往通过财政政策(发展中国家财政政策更缺乏制度规则)来实现其目标。[②]

另一方面的原因更为重要,即中央银行独立性具有很强的内生特点,许多其他的因素都直接或间接地影响着发展中国家的中央银行独立性。

20世纪80年代末以来,发展中国家中央银行独立性的提高更多地受到了全球化背景下国际因素的影响。同时,发展中国家中央银行独立性也不可避免地会受到各种国内因素的影响。因此,影响和决定中央银行独立性

---

① 这个方面的原因本书不作深入讨论。

② ACEMOGLU D,et. al. When Does Policy Reform Work? The Case of Central Bank Independence[J]. Brookings Papers on Economic Activity, 2008(1):351-417.

的因素是双重的。发展中国家的中央银行独立性正是由全球化过程中的外部国际压力与国内各种政治、经济、社会因素的双重影响决定的。而且，其中起主要作用的是全球化过程中的外部国际压力。

第三章

中央银行独立制度全球扩散的背景

◆ 第一节 ◆
中央银行的相关概念阐述

一、中央银行的目标与职能

（一）中央银行的目标与职能的概念

中央银行的目标,是指中央银行作为一个特定的机构,其所追求的、希望达到的某些目的、境地或标准。中央银行的职能,英文为"function";中央银行的目标,英文一般用"objective"表达,少数国家中央银行法中用"purpose"表达。

中央银行的职能是中央银行作为一个特定的机构被赋予的或者所承担的某些职责和功能,以及在一定的经济环境下所应起到的某些作用。中央银行的职能是中央银行的性质在其业务活动中的具体体现和细化,中央银行职能的高度概括便成为中央银行性质的集中反映。

（二）中央银行的目标与职能的关系①

中央银行的目标与职能是相辅相成的。一方面,中央银行必须确定其在宏观经济中所应起到的作用,明确其所要追求的目标,包括总体目标和具体目标,在这些目标的指导下承担相应的职能。职能为目标服务,是目标的实现手段。另一方面,中央银行作为承担特定职能的机构,必须明确这个机构履行这些特定职能所要达到的目标,目标实际上是职能的明确化、具体化。总之,中央银行在追求其特定目标的同时也必然履行某些特定职能,反之亦然。中央银行的目标与职能相辅相成,是"鸡生蛋,蛋生鸡"的关系。因此,从基本原理上看,中央银行的目标和职能应该是一体的、一致的。

---

① 目前,中央银行职能方面有很多的研究和论述,但是中央银行的目标方面则比较少。同样,翻开世界各国的中央银行法,大多数国家都明确规定了中央银行的职能,关于中央银行职能的条文与规定也比较多,而提及中央银行目标的则很少。在学术研究方面,大多数学者也并没有认真区分中央银行的目标和职能,而是往往将二者相等同或者混用。

　　但是从历史的角度看,中央银行的目标和职能的发展是不一致的,它们是随着社会的发展而变化的。早期的中央银行如澳大利亚、丹麦、法国、意大利等国家的中央银行都是在货币滥发、货币可兑换性崩溃后,为了恢复货币稳定和货币信用而建立的。一些大银行获得了垄断货币发行的特权,垄断货币发行的中央银行职能就出现了,垄断货币发行是中央银行最基础的职能。同时由于其垄断特权往往是政府赋予的,因而中央银行也就同时承担政府的金融业务,为政府提供金融服务,成为政府的银行。垄断货币发行的特权,加上这些大银行本身商业利益的驱动,最后贷款人与金融监管职能渐渐出现了。20世纪以前,中央银行都是作为一个盈利机构存在的,中央银行的总体目标主要还是本身的商业利益目标,但也包括了部分公共利益目标。显然,中央银行的商业利益目标和其公共利益目标存在着矛盾与冲突,如最后贷款人职能和货币管理职能都要求中央银行在商业竞争上中性化,中央银行应当更多地追求货币和金融稳定目标而不是商业利润目标。19世纪晚期到20世纪早期,各国中央银行的目标开始发生根本性的转变,逐步取消和排除中央银行的商业利润目标,追求公共利益目标。到20世纪初期,中央银行已经完全成为一个公共政策机构。许多国家的政府纷纷建立中央银行作为国家宏观经济管理必不可少的机构,许多国家已经建立的中央银行也纷纷实行国有化,类似"维护和促进国家经济利益,推进政府经济政策实施"的条款成为大多数新建立的中央银行的目标。

　　随着中央银行逐步发展演变成为公共政策机构,中央银行也不断地被赋予更多新的职能,但是却没有同时被给予相应的明确目标。在实践中,各国中央银行的职能和目标往往存在不一致或者脱离的现象,作为核心要素的一些职能往往没有与之相联系的、具体明晰的目标,如金融稳定作为中央银行一项重要的职能,许多国家的中央银行却没有真正具体明晰的相关目标与之对应,还有一些国家的中央银行职能的相关目标是随着经济环境、认知的深化而不断变化的。

（三）中央银行目标的分类

从实践上来看,中央银行的目标可以分为总体目标和具体目标两类。总体目标是中央银行作为一个整体所期望达到的宽泛的、笼统的目标,一般现代中央银行的总体目标都是追求公共利益和本国的经济发展。具体目标则是中央银行在履行其各种职能时所希望实现的具体的、明细的目标。

具体目标主要在中央银行的职能基础上展开,可以分为货币政策目标、金融稳定目标、支付体系目标和金融发展目标等。

（四）中央银行职能的分类

目前学界对中央银行的职能有不同的表述和归纳。

国内的教科书将中央银行最常见、最传统的职能归纳为三类,即中央银行是"发行的银行"、"政府的银行"和"银行的银行"。[①] 中央银行作为"发行的银行",是指国家赋予中央银行集中与独占货币发行的特权,使其成为国家唯一的货币发行机构,这是中央银行最基本、最重要的标志,是发挥其全部职能的基础。中央银行作为"政府的银行",是指中央银行制定和实施货币政策、对金融业实施监督和管理;为政府管理国库,提供各种金融服务。中央银行作为"银行的银行",是指中央银行的业务对象是商业银行、其他金融机构以及特定的政府部门,它是特殊的金融机构,它集中存款准备金,充当金融机构的"最后贷款人",组织参与和管理全国的清算,有维护银行体系安全、稳定的责任。

另一种常见的对中央银行职能的归纳是认为中央银行的职能包括:政策功能、银行功能、监督功能、开发功能和研究功能。1983年,香港大学饶余庆教授在《现代货币银行学》一书中提出中央银行的职能有五项:政策功能、银行功能、监督功能、开发功能和研究功能。[②] 随后,国内不少货币银行学和中央银行学教科书都沿用此说,并在此基础上进一步提炼为三大职能,即政

---

① 林与权,陶湘,李春.资本主义国家的货币流通和信用[M].北京:中国人民大学出版社,1980:193;付一书.中央银行学[M].上海:复旦大学出版社,2009:23.

② 饶余庆.现代货币银行学[M].北京:中国社会科学出版社,1983:104.

策职能、服务职能和管理职能。[①] "政策职能"即中央银行运用货币政策工具进行宏观调控；"服务职能"即中央银行为政府、金融机构提供代理或清算、融资等服务，为社会公众提供发行货币、稳定经济、维护存款安全等服务；"管理职能"即中央银行对金融机构和金融市场进行监督管理，以维护金融业的安全与稳定。

薇拉·史密斯(Vera Smith)在其著作《中央银行的基本原理》中也论述了中央银行的功能。她认为，银行券的垄断发行是中央银行的首要职能和定义性特征。而"第二位的职能"即持有银行体系的外部货币储备，和对信贷市场施加控制则是"从通货发行的垄断权中导引出来的"。

托马斯·梅耶等美国经济学家认为，中央银行有两个主要的职能："一是控制货币数量与利率，二是防止大量的银行倒闭"。[②] 他同时指出，中央银行还有其他一些"日常的职能"。这种"日常的职能"是指中央银行有为商业银行等金融机构和政府服务的义务。

美国学者劳伦斯·H.怀特把中央银行的职能归结为五项：一是充当银行的银行，二是垄断货币发行，三是担当最后贷款人，四是监管商业银行，五是执行货币政策。[③] 他同时指出，一个机构可以具有这五个功能中的一个或几个，但不是全部。而在这些功能中，只有垄断通货发行和执行货币政策是中央银行的定义性特征。

曾长期担任中国人民银行副行长的刘鸿儒教授将中央银行职能的归纳为八个方面：独占货币发行、为政府服务、保存准备金、最后融通者、管制作用、集中保管黄金和外汇、主持全国各银行的清算、检查和监督各金融机构的业务活动。

王松奇认为，中央银行具有三项主要职能：制定和执行货币金融政策、金融监管、提供支付清算服务。[④]

---

① 周升业,曾康霖.货币银行学[M].成都:西南财经大学出版社,1993:271;盛慕杰.中央银行学[M].北京:中国金融出版社,1989:63;张亦春,江曙霞,高路明.中央银行与货币政策[M].厦门:厦门大学出版社,1990:60.

② 托马斯·梅耶,等.货币、银行与经济[M].上海:上海三联书店、上海人民出版社,1994:182.

③ 怀特.货币制度理论[M].北京:中国人民大学出版社,2004:67.

④ 王松奇.金融学(第2版)[M].北京:中国金融出版社,2000.

根据 2003 年 12 月 27 日第十届全国人民代表大会常务委员会第六次会议修正后的《中华人民共和国中国人民银行法》,中国人民银行的主要职责为:"制定和执行货币政策,防范和化解金融风险,维护金融稳定。"具体主要包括以下内容:(1)起草有关法律和行政法规,完善有关金融机构运行规则,发布与履行职责有关的命令和规章。(2)依法制定和执行货币政策。(3)监督管理银行间同业拆借市场和银行间债券市场、外汇市场、黄金市场。(4)防范和化解系统性金融风险,维护国家金融稳定。(5)确定人民币汇率政策,维护合理的人民币汇率水平,实施外汇管理,持有、管理和经营国家外汇储备和黄金储备。(6)发行人民币,管理人民币流通。(7)经理国库。(8)会同有关部门制定支付结算规则,维护支付、清算系统的正常运行。(9)制定和组织实施金融业综合统计制度,负责数据汇总和宏观经济分析与预测。(10)组织协调国家反洗钱工作,指导、部署金融业反洗钱工作,承担反洗钱的资金监测职责。(11)管理信贷征信业,推动建立社会信用体系。(12)作为国家的中央银行,从事有关国际金融活动。(13)按照有关规定从事金融业务活动。(14)承办国务院交办的其他事项。

上述观点对中央银行职能的归纳应该说各有特色,各有其考察问题的角度,有的高度概括,有的具体明晰,但是随着近几十年来中央银行的不断发展,其职能也不断深化,中央银行在宏观经济运行中的作用越来越重要。因此,从中央银行职能的最新发展以及本书的研究角度出发,把中央银行放到国民经济运行和国家宏观经济管理的大体系中分析,本书认为,中央银行的职能可以集中概括为三个方面:一是制定和执行货币政策,包括货币政策和汇率政策;二是维护金融稳定和金融监管职能;三是组织、参与和管理支付清算。

二、中央银行独立性的概念及其内涵

(一)中央银行独立性的概念

对中央银行独立性的概念的认识,从中央银行独立的对象来说有三个方面:

1.相对于国内金融市场及其参与者的独立性

中央银行作为"银行的银行"在一国金融体系中处于重要地位。中央银行利用法定存款准备金、再贴现率和公开市场业务等手段,实现货币政策目标,调控金融。与此同时,中央银行也受到来自金融市场和参与者的影响。中央银行必须保持客观中立,按照经济金融发展本身的规律来制定政策和开展业务,而不能过多受到上述机构影响。

2.相对于国际金融市场的独立性

随着金融创新的发展、金融的全球化,中央银行在新的国内、国外金融环境中不受影响变得更不容易。所以,在新的形势下,一国中央银行必须在考虑本国经济金融发展实际水平的基础上制定货币政策,在日益开放复杂的国际金融市场中维护本国金融稳定。

3.相对于本国政府的独立性

限于篇幅,本书主要探讨中央银行相对于政府的独立性。

中央银行独立性实际上是指中央银行与政府之间的一种关系,即中央银行相对于政府的独立程度。中央银行独立主要是指中央银行在制定和执行货币政策职能时的自主权力。制定和执行货币政策职能时不受政府以及各种政治力量的干扰,是中央银行独立的关键。[①]

（二）中央银行独立性的内容

中央银行独立性的内容主要包括以下四个方面:

(1)人事独立性,即政府对中央银行领导人和高层管理者的任免程序与任期的影响和干预程度。

(2)给予政府信贷的独立性,即政府直接或间接从中央银行获得信贷以融通政府支出的能力,独立性强的中央银行应该能够抵制财政透支以及其他不合理的融资要求。

(3)经费预算独立性,即中央银行自身的财政经费来源是否受政府控制。

---

① 尽管现代中央银行承担着众多的职能,但无论是从有关的理论分析来看,还是从一些国家的实际情况来看,中央银行独立性并不涵盖中央银行的所有职能领域,而主要集中表现为中央银行在履行货币管理职能时的自主性。

（4）政策独立性，即中央银行制定和执行货币政策的自主权，这是中央银行独立性的核心。政策独立性又包括两个方面：一是目标独立性，即中央银行可以自由选择政策目标。[①] 二是工具独立性，即中央银行在明确自身目标之后，可以自由选择货币政策的操作手段及政策工具。[②]

（三）中央银行独立性的相对性

对中央银行的独立性是相对的还是完全的独立，学术界还存在着较大的争议。相对独立性的观点目前占上风。所谓相对独立性是指有限度的独立性，或者说在一定范围内的独立性。中央银行不可能不受到政府的影响，也必然需要与其他政府部门合作。即使是在中央银行独立性程度很高的德国，《联邦银行法》也规定联邦银行有义务就货币政策的重大问题向联邦政府提供咨询，并就政府的需要提供有关信息，而美联储也只能在政府既定的经济政策和目标这一基本框架内工作。中央银行不能完全独立于政府之外，不受政府制约或凌驾于政府之上，而应在政府的监督和国家总体经济政策的指导下，独立地制定和执行货币政策，这就是中央银行的相对独立性。所谓相对独立性的含义，是指中央银行与政府的关系要遵循以下两条原则：

第一，经济发展目标是中央银行活动的基本点。任何国家中央银行的活动，都离不开该国经济发展的目标，在中央银行制度建立和扩展的过程中，已蕴含着这种关系。尤其是在第二次世界大战之后，中央银行的货币政

---

① 对于中央银行来说，货币政策目标的独立性就是指其拥有不追随政府财政政策目标的走向而自主决定货币政策目标的权力。如果一国的中央银行法或相关法律明确地规定了其中央银行的首要目标是维护货币稳定，从而排除了中央银行任意调整货币政策目标，或者其他部门要求中央银行调整货币政策目标的可能性，实际上正好体现了中央银行的目标独立性，而不是剥夺中央银行的目标独立性。所以，中央银行独立性较高的国家几乎都规定了中央银行的首要目标是维护货币稳定，或者是维护价格的稳定。

② 判断一个中央银行是否具有充分的政策工具独立性的标准就是看它是否拥有自主动用实现货币政策目标所必需的政策工具的权力。货币政策目标的实现需要一定的货币政策手段。中央银行的货币政策工具有一般性货币政策工具（法定存款准备金率、再贴现率和公开市场业务）、选择性货币政策工具（消费者信用控制、证券市场信用控制、不动产信用控制、优惠利率、预缴进口保证金等）、直接信用控制（利率最高限、信用配额、流动性比率和直接干预等）和间接信用控制（道义劝告、窗口指导等）。中央银行为实现其货币政策目标必须通过相应的货币政策手段来调整货币供给量，进而调节宏观经济运行。为确保中央银行顺利地完成既定的货币政策目标，中央银行就有必要拥有自主动用货币政策工具的权力。

策日益成为国家调控宏观经济的重要工具。如果中央银行的货币政策自行其是，就会影响到国家经济目标的实现。因此，中央银行货币政策的制定和执行，要重视国家的利益，不能独立于国家经济目标之外。

　　第二，中央银行的货币政策要符合金融活动的规律。中央银行的货币政策不能脱离实际情况，要充分考虑到该国的信用状况、金融规律等，不能完全受政府的影响和控制，而应保持一定的独立性。这是因为在现代经济学中，政府被认为是有自己特殊利益的，是利益群体的代表，所以中央银行保持独立性是为了避免不公平和权力的滥用，这种独立性是必须坚持的。

◆ 第二节 ◆
测度中央银行独立性程度的主要指标体系

　　为了量化中央银行独立性的程度，许多测度中央银行独立性程度的指标体系相继形成。目前已有 10 种测度指标体系，其中 3 种为中央银行实际独立性的测度指标，其他为中央银行法律独立性的测度指标。[①]

一、中央银行的法律独立性的测度指标

（一）贝德和帕金（Bade—Parkin）指标

　　贝德和帕金（Bade and Parkin，1977）通过对 12 个国家（澳大利亚、比利时、加拿大、法国、德国、意大利、日本、荷兰、美国、英国、瑞典、瑞士）中央银

---

　　① 测度中央银行独立性程度的指标体系最早从贝德和帕金（Bade and Parkin，1977）开始，阿莱西纳（Alesina，1988，1989），吉瑞林、马西安达罗和塔贝林（Grilli，Masciandaro and Tabellini，1991），库克曼（Cukierman，1992），阿莱西纳和萨默斯（Alesina and Summers，1993），艾菲格和斯科林（Eijffinger and Schalling，1993），库克曼和韦伯（Cukierman and Webb，1995），朗格尼和希特（Loungani and Sheets，1997）等先后建立了 10 种指标体系。

行法的研究,将决定中央银行独立性程度的因素分为以下三个方面:(1)中央银行的首要目标,即法律是否将价格稳定作为中央银行首要和唯一的目标,或者法律是否规定在价格稳定之外,中央银行还具有其他的宏观经济目标。(2)货币政策的决策过程,即是否有政府成员参加中央银行决策(有无投票权)。(3)中央银行决策委员会成员的任命(半数以上的中央银行决策层人员的任命是否独立于政府而做出)以及中央银行与政府在财政和政府预算方面的关系。根据中央银行独立程度的高低,贝德和帕金把中央银行独立性系数由大到小分为 4、3、2、1 四级。

(二)阿莱西纳(Alesina)指标

阿莱西纳(Alesina,1988, 1989)在贝德和帕金指标的基础上进行了扩展,进一步考虑了政治不稳定的影响,强调了中央银行与执行机构之间的关系、中央银行行长的任期等因素。阿莱西纳(Alesina)指标体系主要依据以下几个指标:一是中央银行和政府是否存在正式的制度安排。例如是否由政府任命中央银行行长、政府官员是否在中央银行董事会中任职等。二是中央银行和政府是否存在非正式合同。例如政府的换届是否导致中央银行行长的调换等。三是货币政策与财政政策的关系。例如中央银行是否有为财政赤字融资的义务。四是中央银行是否必须吸收短期财政国库券的超额供给。

阿莱西纳利用该体系对意大利、西班牙、新西兰、英国、荷兰、澳大利亚、法国、丹麦、瑞典、美国、日本和德国等 17 个国家的中央银行独立性(1973—1986)进行了测量。结果显示,得分越高的国家,其平均通胀率越低。其中,得分最高的一类是 4 分,包括瑞士和德国;其次是 3 分,包括美国和日本;最低的为 1 分,包括西班牙、新西兰、澳大利亚和法国;其余的为 2 分或 1.5 分。独立性指数和这些国家的平均通胀存在着负相关关系。得分最高的瑞士和德国,平均通胀率最低;得分较高的日本和美国,平均通胀率较低;得分最低的西班牙和新西兰、澳大利亚、法国,其平均通胀率较高。

(三)GMT 指标

吉瑞林、马西安达罗和塔贝林尼(Grilli, Masciandaro and Tabellini,

1991)建立了 GMT 指标体系。该体系认为,中央银行独立性表现在两个层面,即在政治上和经济上。政治上的独立性是指中央银行决定货币政策最终目标的能力,GMT 指标对此共设计了 8 项问题(表 3.1 中 1—5 项、10—12 项),并给予各项问题相同的权重,同时针对各项问题的每一个选项给予一定分数。对于经济上的独立性 GMT 指标则设计了 7 项问题。综上,GMT 指标一共包括 15 项问题。研究者根据各中央银行法对各项问题所作出的规定,选择适当的选项,得到相应的分数,将相应的分数加总即可得到中央银行独立性的分数,分数越高表示中央银行独立性的程度越高。

表 3.1　中央银行独立性的 GMT 指标

衡量指标	评判标准
1.央行官员的任命	不是由政府任命为 1,否则为 0
2.央行官员的任期	任期超过 5 年为 1,否则为 0
3.货币政策制定的权威	无须经政府同意为 1,否则为 0
4.价格稳定作为法定目标	作为法定目标为 1,否则为 0
5.解决冲突的相关机制	强化央行地位为 1,否则为 0
6.央行给予政府借款的利率	采取市场利率为 1,否则为 0
7.央行给予政府借款的期限	只是临时借款为 1,否则为 0
8.央行给予政府借款的数量	存在数量限制为 1,否则为 0
9.从初级市场上购买政府债券	央行不参与购买为 1,否则为 0
10.央行董事会的任命	不由政府任命为 1,否则为 0
11.央行董事会的任期	超过 5 年为 1,否则为 0
12.央行董事会的政府代表	非必须出席为 1,否则为 0
13.央行给予政府贷款的可得性	非自动获得为 1,否则为 0
14.贴现率设定的权威	由央行设定为 1,否则为 0
15.央行监管的角色	央行不涉及银行监管为 2
	央行不单独对银行监管为 1,否则为 0

资料来源:Arnone M, Laurens B, Segalotto J F. The Measurement of Central Bank Autonomy:Survey of Models, Indicators, and Empirical Evidence[R]. IMF working paper.

（四）库克曼（Cukierman）指标

库克曼指标是在研究中使用最多、最广泛的指标体系。库克曼（Cukierman，1992）把涉及中央银行独立性的所有变量分为四组并予以量化。这四组变量是：(1)与中央银行行长人选的任命、任期及离职程序有关的变量，即 CEO (chief executive officer)变量。(2)有关中央银行制定政策以及同政府目标发生冲突时如何解决问题的变量，即 PF (policy formulation)变量。(3)涉及中央银行最终政策目标的变量，即 OBJ(final objectives)变量。(4)关于限制中央银行向政府或公共部门提供融资的变量，即 LL(limitations lending)变量。

上述每组变量中又包括若干个变量，而每一个变量又可以分成不同数目的项目内容。根据每个变量包括的项目的数量，按从 0 到 1 之间的数字进行排列编码，使用方法是：假定 n 为变量 j 的个数，则把[0,1]区间分成 $(n-1)$个相等的部分，用以表示中央银行独立性程度的不同水平，数字越小（如0），说明对应的独立程度越低；反之，数字越大（如1），则表明独立程度越高。变量的数目最少为 2 个，最多时为 7 个。

表 3.2　库克曼指标的 CEO 变量

变量	独立性数值
1.中央银行行长的任期	
（1）大于 8 年	1
（2）小于 8 年但大于等于 6 年	0.75
（3）等于 5 年	0.5
（4）等于 4 年	0.25
（5）小于 4 年	0
2.由谁任命中央银行行长	
（1）中央银行决策委员会	1
（2）政府、议会以及中央银行人员组成的委员会	0.75
（3）立法机构（议会）	0.50
（4）行政机构（政府部长会议或内阁会议）	0.25
（5）总理或财政部长	0

续表

变量	独立性数值
3.中央银行行长的离职程序	
（1）没有离职程序（到期中止）	1
（2）只能因非政策过失离职	0.83
（3）中央银行决策委员会决定机构解职	0.67
（4）因政策过失由立法机构解职	0.50
（5）立法机构可以无条件解职	0.33
（6）因政策过错由行政机构解职	0.17
（7）无条件地由行政机构解职	0
4.行长是否被允许	
（1）法律禁止行长出任任何政府职务或担任其他职务	1
（2）除非政府同意，否则行长不允许担任政府公职	0.5
（3）法律不禁止行长担任其他职务（公共或私人部门）	0

资料来源：Cukierman A. Central Bank Stratey，Credibility，and Independence：Theory and Evidence[M]. The MIT Press，1992：373～376.

库克曼指标有两种计算方式，分别是 LAVU（legal variable average unweight）和 LAVW（legal variable average weight）。两者的主要区别是对于各个问题变量的加总方式不同，LAVU 对上述表格中各项问题变量以相同的权重简单地加总；而 LAVW 则对上述表格中各项问题变量赋予不同的权重（有一定主观性），并加权计算中央银行独立性程度。

（五） 阿莱西纳和萨默斯（Alesina and Summers）指标

阿莱西纳和萨默斯（Alesina and Summers，1993）综合 GMT 指标和阿莱西纳指标，建立了阿莱西纳和萨默斯指标。其主要方法是将 GMT 指标的算术平均值采用阿莱西纳指标的方式进行转换，即转换为 4 到 1 四个级别。GMT 指标的算术平均值超过 11 的为 4 级，在 7～11 之间为 3 级，在 4～7 之间为 2 级，在 0～4 之间为 1 级。

表 3.3　库克曼指标的 PF 变量

变量	独立性数值
1.谁制定货币政策	
（1）中央银行单独制定	1
（2）中央银行与政府对货币政策共同决策	0.66
（3）中央银行对货币政策只起咨询作用	0.33
（4）由政府单独制定	0
2.政府的指示及冲突的解决	
（1）中央银行依法律规定全权行事	1
（2）政府在规定的中央银行目标之外全权行事	0.8
（3）冲突解决由中央银行、立法机构及行政组成的委员会最后决定	0.6
（4）立法机构对政策事务有最终决定权	0.4
（5）行政机构按程序对政策事务有最终决定权	0.2
（6）行政机构无条件地拥有政策权力	0
3.中央银行在政府制定财政政策时是否起积极作用	
（1）是	1
（2）否	0

资料来源：同表 3.2。

表 3.4　库克曼指标的 OBJ 变量

变量	独立性数值
中央银行目标的法律规定	
（1）规定物价稳定为唯一或主要目标，并且在与政府发生冲突的情况下央行有权采取政策措施实现这一目标	1
（2）规定物价稳定为唯一目标	0.8
（3）规定物价稳定及与之相适应的目标	0.6
（4）规定物价稳定及与之可能冲突的目标（如充分就业）	0.4
（5）法律中没有规定中央银行任何目标	0.2
（6）法律规定物价稳定之外的目标	0

资料来源：同表 3.2。

（六）艾菲格和斯科林（Eijffinger and Schalling）指标

艾菲格和斯科林（Eijffinger and Schalling，1993）的指标体系主要集中于对中央银行政策上的独立性测定，即中央银行拥有选择货币政策最终目标的能力。这种能力取决于三个方面的特征：一是中央银行董事会的任命程序，二是在制定货币政策时政府和中央银行的关系，三是中央银行对货币政策目标的责任。基于上述三方特征，艾菲格和斯科林创立了自己的政策独立性指标。这一指标体系包括三方面的标准：一是中央银行是否为唯一拥有货币最终权力的机构，二是中央银行董事会中是否有政府官员，三是是否有一半以上中央银行董事会成员的任命独立于政府。

表 3.5　库克曼指标的 LL 变量

变量	独立性数值
1.对中央银行提供贷款的限制	
（1）禁止向政府提供贷款的限制	1
（2）允许向政府贷款但有严格指标控制（如不超过政府收入的 15%）	0.66
（3）提供贷款但无严格约束（如可以超过政府收入的 15%）	0.33
（4）没有法律限制，由中央银行与政府定期协商	0
2.对中央银行提供证券融资的限制	同上
3.谁决定贷款融资条件	
（1）中央银行决定对政府贷款的条件	1
（2）贷款条件由法律规定或中央银行根据法律授权决定	0.66
（3）法律规定由中央银行与政府协商决定贷款条件	0.33
（4）行政部门单独决定并强迫中央银行执行	0
4.从中央银行获得融资的借款对象范围	
（1）只有中央政府才能从中央银行借款	1
（2）中央、地方政府及其他行政机构皆可从中央银行借款	0.66
（3）在（2）的基础上公共企业也能从中央银行借款	0.33
（4）包括私人企业在内的所有机构都可从中央银行借款	0

续表

变量	独立性数值
5.贷款的限制方式	
（1）绝对数量限制	1
（2）以中央银行的资本金或负债一定比例为限	0.66
（3）以政府收入的一定比例为限	0.33
（4）以政府支出的一定比例为限	0
6.贷款期限	
（1）中央银行贷款期限最长为 6 个月	1
（2）中央银行贷款期限最长为 1 年	0.66
（3）中央银行贷款期限最长可超过 1 年	0.33
（4）中央银行贷款期限没有法定上限	0
7.对利率的限制	
（1）中央银行按市场利率提供贷款	1
（2）中央银行对政府贷款利率不能低于一定下限	0.75
（3）中央银行贷款利率不能超过一定上限	0.5
（4）对中央银行贷款利率没有法律明确规定	0.25
（5）法律规定中央银行对政府贷款不收利息	0
8.对中央银行向一级市场融资的限制	
（1）禁止中央银行在一级市场购买政府债券	1
（2）不禁止中央银行在一级市场购买政府债券	0

资料来源：同表 3.2。

（七）朗格尼和希特（Loungani and Sheets）指标

朗格尼和希特指标是针对转型国家中央银行独立性的测度。朗格尼和希特(Loungani and Sheets,1997)认为,保持中央银行的独立性对经济转轨国家同样重要。第一,独立的中央银行能够抵御来自逐渐衰落部门的政治压力,减少向非效率部门的贷款。第二,经济转型会带来社会资源的重新分配,一些社会部门可能要求政府增加支出,从而导致大量的财政赤字和高通胀率。保持中央银行的独立性有助于从政治程序上抵消通胀偏差。第三,保持独立可使中央银行从金融部门具体业务活动中解脱出来,更有效地致力于对经济的宏观调节。第四,独立的央行有助于政府选择非通胀的财政融资渠道,培育政府债券市场。朗格尼和希特对 GMT 指数进行修改,用于中东欧经济转轨国家的研究。

朗格尼和希特的指标从目标独立、经济独立和政治独立三方面进行,共涉及 14 项问题(见表 3.6)。对于问题 1、3、4 和问题 7、8,若回答"是"得 1 分。问题 5、6 和问题 9—14,回答"否"得 1 分。在问题 2 中,三大政策工具每一项各得 0.33 分。上述问题若无明确选择,可给 0.5 分。最后加权汇总得到综合指数。

二、中央银行的实际独立性的测度指标

上述几种指标最重要的依据是各国的中央银行法以及相关法律法规,但是依据中央银行法所测度出的中央银行独立性指标与中央银行的实际表现并非一致。库克曼(Cukierman,1992,1996)认为,根据中央银行法以及相关法律法规所测度出的中央银行独立性指标与真实情况确实有一定的差距。这种差距的主要原因是,使用的测度指标体系高度依赖各国中央银行法等的书面规定和条款,而没有观测实际执行情况。实际上,社会传统、政府机构间的非正式安排、中央银行研究部门的业务素质及关键领导者的个性,至少会部分影响中央银行独立性水平。而这些内容很难以一种公认的方式进行度量。发展中国家经济金融体制不健全,情况更为突出。故库克曼认为,适用于工业化国家的立法总指数和信贷限制指数并不能准确反映发展中国家中央银行的实际独立性,进而提出了新的测度指标。

表 3.6　转型国家中央银行独立性的测度指标

序号	问　　题	得分回答
1.目标独立性		
中央银行是否把物价稳定作为中央银行的主要宏观经济目标		是
2.经济独立性		

续表

序号	问　　　题	得分回答
（1）	中央银行是否控制着货币政策工具（包括公开市场操作、存款资本金和再贴现政策）	是
（2）	对于政府向中央银行的直接融资是否有任何强制性限制	是
（3）	是否容许政府接受中央银行的直接融资	否
（4）	中央银行在执行货币政策过程中是否要受政府命令限制	否
3.政治独立性		
（1）	在货币政策问题上发生冲突时政府或议会能否罢免央行行长	不能
（2）	中央银行行长的任期是否比选举周期长	是
（3）	中央银行理事会成员的任期是否比选举周期长	是
（4）	中央银行行长是否由行政部门任命	否
（5）	中央银行的任何成员是否由行政部门任命	否
（6）	行政部门任命中央银行官员的数量是否比其他政府部门多	否
（7）	政府官员或代表能否进入中央银行理事	否
（8）	中央银行理事会中的政府官员或代表是否有表决权	否
（9）	中央银行理事会中的政府官员或代表是否有否决权	否

资料来源：Loungani P，Sheets N. Central Bank Independence，Inflation，Growth in Transition Economic［J］. Journal Of Money，Credit And Banking. 1997，29（3）：384.

（一）TOR 指标

库克曼（Cukierman,1992)提出了中央银行行长更替频率(the turnover rate of central bank governors,TOR)指标作为衡量中央银行实际独立性的测度方法。TOR 指标假设中央银行行长更替的频率越高(任期越短),则中央银行独立性水平越低。

库克曼认为,如果政府当局常常有机会选择新的中央银行行长,那么,它至少可以选择那些能满足其愿望的人选。因此,中央银行行长更替的频率越高,表明政府干预中央银行行为越明显,中央银行行长任期小于行政机构,则中央银行易受政府的影响,无法实行长期的政策,中央银行独立性水平就越低。TOR 数值为一定时期中央银行行长平均任期的倒数。由于大多数国家的选举周期为 4～5 年,所以 TOR 指数在 0.2～0.25 之间为正常值,数值越高,中央银行独立性水平越低。

库克曼发现,在发展中国家,中央银行行长更替频率与通胀间具有强正相关关系,法律的独立性指数与通胀间的相关关系却不明显。而在发达国家,TOR 与通胀间未发现相关关系,法律的独立性指数与通胀呈负相关变化。这说明,在中央银行独立性的实践和法律条文之间,发展中国家比发达国家具有更大的偏差。但是,上述研究结论并不否认,在发展中国家,法律规定有助于保证中央银行的独立和价格的稳定。

TOR 指标计算简便,对测度中央银行实际独立性(尤其是对于发展中国家)有重要的意义,但是其缺陷也是明显的:首先,TOR 指标的假设前提(中央银行行长更替的频率越高,则中央银行独立性水平越低)存在不足,很可能有些中央银行行长听从于政府指令而获得较长的任期,或者是由于长期通胀居高不下而导致频繁更换中央银行行长。其次,库克曼舍弃了那些TOR 指标呈现极端值的发展中国家,故其负相关关系的结论具有一定的片面性。最后,就 TOR 指标本身而言,它仅仅是一个单项指标,无法反映一国中央银行独立性在立法和实际运作中的变化,就实际运用来看,TOR 指标和其他法律独立性指标综合使用效果比较好。

(二) QAVU 和 QAVW 指标

库克曼(Cukierman,1992)采用向各个国家中央银行工作人员进行问卷调查的方法来进行实际中央银行独立性的测度。库克曼一共对 24 个国家的中央银行进行了问卷调查,问题主要包括:(1)中央银行主要官员与政府机构主要官员的任期重叠情况。如果其他条件不变,中央银行决策委员会成员任期长于政府机构主要官员的任期则独立性较强。(2)中央银行给予政府借贷的实际限额以及此限额实际实施的方式。(3)冲突的解决,指中央银行与政府在决策冲突时的解决结果偏向中央银行的程度。(4)中央银行自身的财政预算由谁来决定。(5)中央银行高级官员的薪酬和利润分配由谁来决定。(6)中央银行是否有量化的货币政策目标并在实践中坚持这个目标,即中央银行是否能够相对自由地、不受约束地追求其价格稳定目标。(7)中央银行是否有设定正式或非正式的利率方面的目标并干扰了其价格稳定目标。(8)价格稳定目标是否具有实际的优先权。(9)中央银行是否需要承担提供政策利率信贷的职责。

指标有两种计算方式,分别是 QAVU(questionnaire variable average un－weight)和 QAVW(questionnaire variable average weight)。两者的主要区别仍然是对于各个问题变量的加总方式不同,QAVU 以相同的权重简单加总,而 QAVW 则对各项问题变量赋予不同的权重进行加权计算。

(三)政治变动指标

库克曼和韦伯(Cukierman and Webb,1995)在 TOR 指标基础上进一步提出了政治变动指标(political vulnerability index,VUL),它是指政治变动(新一届政府上台)后 6 个月内,中央银行行长更替的频率。该指标检验了政治变动与随后中央银行行长撤换的关系,它与 TOR 指标高度相关,能够更好地测度政治变动对中央银行的实际影响。

◆ 第三节 ◆

中央银行独立制度全球扩散的背景

在分析文献的不同观点及其争论,探讨中央银行独立性的影响和决定因素时,不能脱离其特定的时代背景。必须在深入分析其历史背景的前提下,才能更好地理解和解释当今中央银行独立问题的实践和理论现象。

一、中央银行独立性的历史发展

在整个市场经济发展的历程中，国家干预主义和经济自由主义始终是经济理论争论的焦点，也不断地交替占据一定历史时期的主导地位。中央银行从出现到今天已经有300多年的历史，其独立性的历史发展也深受这两种思想的交替影响。中央银行独立性的历史发展可以据此分为四个阶段：

第一阶段：出现中央银行到第一次世界大战以前

这个时期世界已经出现的中央银行普遍拥有高度的独立性。一般都不受政府的控制和干预。其主要原因包括：(1)自由放任的自由主义思想占据统治地位。这个时期处于在市场经济的初期阶段，西方经济学者普遍崇尚经济的自由放任，反对政府干预，他们认为市场机制会自动地使经济运行保持和谐，认为资本主义经济可以通过"看不见的手"自发地实现充分就业。(2)当时的资本主义经济还处在自由竞争的时期。尽管从20世纪初资本主义国家开始进入垄断阶段，但尚未完全形成真正的、全面的垄断，中央银行也还没有成为国家干预和调节经济的工具。(3)世界货币体系处于金本位制时期。在金本位体制下，中央银行的职能相对简单，对经济影响的作用有限。当时中央银行的核心任务仅仅是维护金本位制度的稳定，即维持银行券与黄金的自由兑换，不承担其他职能。(4)当时世界上大多数中央银行是政府赋予私人银行一定的特权而形成的，其本质上仍然是私人企业，它的资本所有权属于私人股份。除代理国库外，一般不受政府的制约。

第二阶段：第一次世界大战结束到20世纪70年代初

这个时期世界各国中央银行的独立性被大大削弱。世界各国中央银行纷纷进行了国有化，而且成为此后中央银行设立的重要原则。由于政府成为具有绝对控股权的大股东，因此，政府在中央银行的人事任命、业务活动等方面享有更大的权力。例如，1945年法国政府将法兰西银行收归国有，并规定其最高权力机构为理事会，理事会总裁和副总裁经内阁会议通过并由共和国总统委任，董事会中有9人由财政部提名，经内阁联席会议通过任命，可见其独立性较低。1946年英格兰银行也被收归国有，听命于政府。美联储尽管没有进行国有化，但这一时期也曾明显地受到外部干预。美国于大萧条时期出台的相关法律，赋予了财政部长调整美联储货币政策的权力，并规定美联储必须配合政府的经济政策,否则其所指定的货币政策将被废止。第二次世界大战期间,美联储牺牲了独立性,同意钉住财政债券的收益曲线,为战争融资提供低利率政策。直到 1970 年代中期,美联储的货币政策目标基本上都是以 1946 年制定的《就业法》为基础,"最大限度地促进就业、提高生产力和购买力"。

其主要原因包括:(1)20 世纪 30 年代整个资本主义世界经历了空前的经济危机。世界性经济危机宣告萨伊定律的彻底破产,"看不见的手"并不能实现社会的充分就业。这既是凯恩斯主义的催生剂,也为其发挥作用提供了广阔的实验场。凯恩斯革命,其最本质的东西就是主张加大国家调节经济、干预社会经济生活的力度。凯恩斯国家干预经济的宏观经济理论正式登上历史的舞台。凯恩斯认为有效需求不足是资本主义经济的常态,国家必须通过财政政策、货币政策等宏观经济政策来扩大社会的有效需求以实现充分就业。凯恩斯主义在 20 世纪 50 年代和 60 年代的发展中国家也曾风靡一时。有些国家(包括在亚洲、非洲和拉丁美洲陆续出现的一些由于殖民地解放而新独立的国家)的市场极为不发达,有些国家甚至根本不存在市场,因而比发达国家更加容易有市场失灵的问题。既然在发达国家市场失灵的对策是政府干预,那么在发展中国家的经济发展中,政府更应该扮演一个不可或缺的角色。(2)资本主义经济开始进入垄断阶段,乃至国家垄断资本主义阶段,国家干预和调节经济的职能逐渐得到加强,特别是第二次世界大战之后,各国为了恢复经济,实现充分就业,纷纷推行了一系列刺激经济发展的财政金融政策措施。为了充分利用中央银行这个货币发行机构,各国政府普遍通过立法,把中央银行置于自己的监督控制之下,按政府的意图制定或执行货币金融政策。(3)金本位制越来越成为经济发展的桎梏,加之20 世纪 30 年代经济大危机中出现的货币荒,因此,危机过后,世界各国都纷纷废除了金本位制,纷纷推行有弹性的信用货币制度,并对中央银行实行国有化。因此,这一时期的中央银行独立性下降到了有史以来的最低点,甚至达到了完全屈从于政府的地位。

第三阶段:20 世纪 70 年代初到 80 年代末

这个时期中央银行独立性问题开始初步受到重视,世界各国的中央银行独立性逐步增强。其主要原因包括:(1)资本主经济经历了 20 世纪 50 年代至 60 年代的高速发展后,70 年代初开始出现滞胀,凯恩斯认为通胀与失业不能同时并存的观点在资本主义经济滞胀面前不攻自破。自由主义重新抬头,货币主义认为资本主义经济之所以陷入滞胀的困境,与推行凯恩斯主义、忽视货币政策的作用、忽视控制货币供应量有关,主张重新重视货币政策的作用,控制货币供应量,以应对通胀。货币主义反对国家干预,主张按规则行事,减少政府对中央银行的干预,保持中央银行的独立性。(2)20世纪70年代布雷顿森林体系崩溃之后,如何保证中央银行不滥发货币就成为金融制度发展的重要议题。为了消除政府利用中央银行扩张货币的动机,强化货币发行的约束机制,需要赋予中央银行更大的独立性。(3)随着1971年美国政府宣布停止美元兑换黄金,1972—1973年各主要西方国家陆续实行浮动汇率制,在IMF的建议下,1976年达成了"牙买加协议"。当时各主要货币都实行了自由浮动汇率制度。由于缺乏固定汇率制度的约束,对扩张性的货币政策的制约弱化,一国政府可以长期推行通胀政策,而不必担心国际收支问题,因而浮动汇率制具有内在的通胀倾向。如果一国的通胀率较高,国际收支发生赤字,将导致本国货币汇率贬值,进口商品价格上涨,进一步加剧国内通胀,还会引起国内通胀的恶性循环。这种隐患的存在使中央银行独立性显得更为重要。于是,中央银行独立性问题被重新提出,以引起人们的重视。

第四阶段：20世纪80年代末以来中央银行独立制度的全球扩散

20世纪80年代末以来,世界范围内掀起了一股中央银行独立的浪潮,一些发达国家开始改革相关法律和制度安排,加强中央银行的独立性。随后很多发展中国家也纷纷实施改革以增强中央银行独立性。这种趋势一直持续到今天。

在20世纪90年代,进行中央银行制度改革以增强中央银行独立性的国家有54个,具体包括：17个东欧国家和原苏联分离出来的国家、13个西欧国家、11个拉美国家、9个非洲国家和4个亚洲国家。在此期间,只有马耳他削弱了中央银行独立性。1989—2005年,世界上先后有86个国家不同程度地进行了中央银行独立改革,其中发展中国家有63个(见图3.1)。比较来看,在布雷顿森林体系崩溃后的1970—1988年这一段时间,只有8个国家进行了增强中央银行独立性的改革。截至2000年,建立中央银行独立制度的国家的GDP总量已占世界GDP总量的约90%(见图3.2)。显然,20世纪80年代末至2000年是中央银行制度扩散的一个重要的时间段。

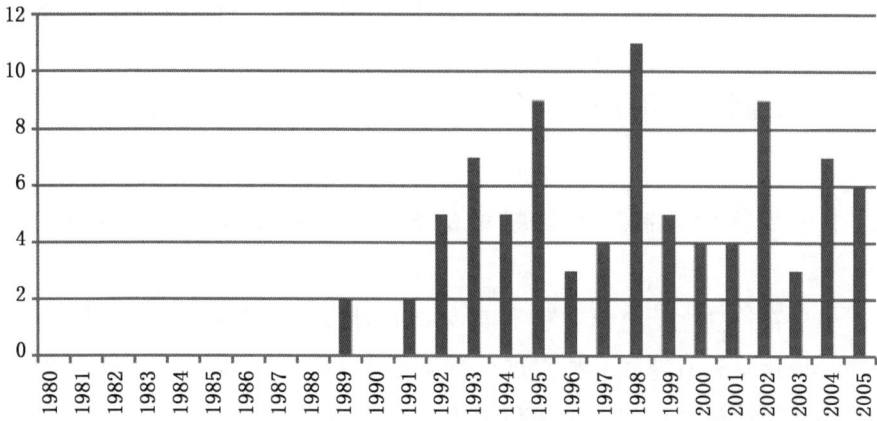

图 3.1　1980—2005 年进行中央银行独立改革的国家数量

资料来源：作者根据 Sven—Olov Daunfeldt，Jörgen Hellströmy and Mats Landström. Why Do Politicians Implement Central BankIndependence Reforms?（http://www.ratio.se/pdf/wp/sod_jh_ml_central_bank.pdf）中数据整理绘制。

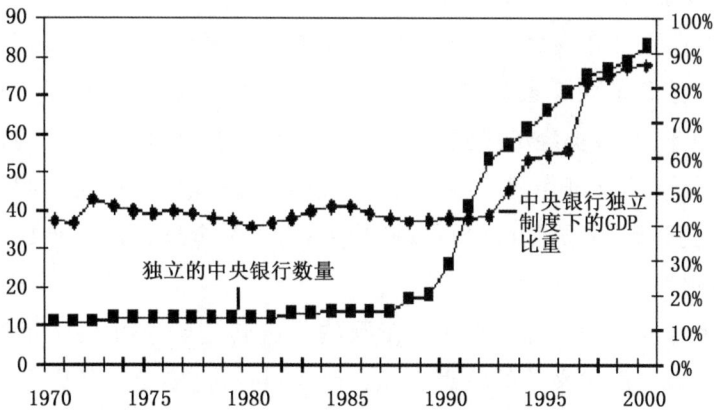

图 3.2　1970—2000 年中央银行制度的全球扩散①

资料来源：转引自 Eduardo Castro and Kathleen R. McNamara：The Diffusion of Central Bank Independence（www.international.ucla.edu/media/files/cbi％20castro％20mcnamara.doc）。

---

①　图 3.2 认为美联储是独立的中央银行，1970 年美国 GDP 占世界 GDP 总量的 35％，这可以解释为什么 1970—1975 年中央银行独立制度下的 GDP 约占世界总量的 40％。

为什么在较短的时间内有如此多的发展中国家进行了中央银行独立改革？其行为的驱动力何在？本书力图从世界经济全球化的新视角来看待这个问题，认为发展中国家的中央银行独立有其外部的压力和动力。

二、中央银行独立制度全球扩散的背景：全球化的加速与深化

中央银行独立的全球扩散有其深刻的时代背景，不能脱离这样一个特殊的时代背景来看待和分析发展中国家的中央银行独立问题。这个背景总的概括起来就是全球化的加速与深化。

（一）私有化和市场经济席卷全球，使全球制度趋同

20世纪80年代末到90年代初，柏林墙倒塌，苏联和东欧社会主义国家解体和剧变，中国也将建立社会主义市场经济作为经济体制改革的目标。私有化和市场经济的浪潮席卷全球，全球化进入了一个全面加速和深化的时期。由于新自由主义的蔓延，西方市场经济发达的国家致力于追求市场机制的完善，而非市场经济国家则纷纷谋求建立市场经济制度。20世纪90年代以来，苏联东欧国家几乎是齐步并进式地向市场经济制度转轨。从拉美、亚洲到非洲，各类经济模式国家几乎都无一例外地使市场机制在资源配置中发挥更大的基础作用。各国的经济市场化进程使全球化的制度趋同扫清了原有的障碍，各国国内经济规则趋于一致，为全球化进一步扩展和深化奠定了基础。

20世纪90年代以来，苏联与东欧的经济转型国家在接受市场经济制度，以及西方自由主义的经济思想和意识的同时，也接受了IMF等国际金融组织提高中央银行独立性的建议。东欧经济转型国家在积极向西欧靠近进而加入欧盟的过程中，也效法德国中央银行和欧洲中央银行，纷纷提高其中央银行的独立性。拉美和亚洲发展中国家则主要是在经济金融全球化的背景下，以及金融危机的推动和IMF等国际组织的贷款条件压力下，纷纷提高中央银行独立性。

OECD认为，"经济全球化可以被看作一种过程，在这个过程中，经济、市场、技术与通信形式都越来越具有全球特征，民族性和地方性在减少"。

经济全球化可以从三方面来理解：一是世界各国经济联系的加强和相互依赖程度日益提高；二是各国国内经济规则趋于一致；三是国际经济协调机制强化，即各种多边或区域组织对世界经济的协调和约束作用越来越强。这三点中，世界各国经济联系的加强和相互依赖程度日益提高是各国国内经济规则趋于一致以及国际经济协调机制强化的基础，而后两者使得全球化进入了一个加速深化和渗透的新阶段。各国国内经济规则趋于一致和国际经济协调机制强化在 20 世纪 90 年代初至今表现得尤为明显，中央银行独立性制度的扩散正是在这样的背景下发生的。

（二）新自由主义的高峰及其全球蔓延

　　20 世纪 70 年代初期爆发的两次石油危机使得整个资本主义世界陷入了"滞胀"的困境。面对"滞胀"，凯恩斯主义政策束手无策。全球化的加速与深化使经济学领域也进入"单一经济学"的时代。新自由主义思潮重新兴起，新自由主义的经济学派重新抬头①，并在一定程度上成了主流经济学派，向凯恩斯的国家干预经济的理论展开了猛烈的攻击。新自由主义经济学派认为资本主义经济之所以陷入滞胀的困境，与推行凯恩斯主义、忽视货币政策的作用、忽视控制货币供应量有关，主张重新重视货币政策的作用，控制货币供应量，以对付通胀。新自由主义的经济学派强烈反对相机抉择的经济政策，反对国家干预，主张按规则行事，减少政府对中央银行的干预，保持中央银行的独立性。于是，中央银行独立性问题重新被提出，并受到人们的重视。

　　自 20 世纪七八十年代以来，随着高新科技革命兴起，生产力的巨大发展，资本主义由国家垄断向国际垄断发展。为适应这种需要，新自由主义开始由理论、学术而政治化、国家意识形态化、范式化，成为美英国际垄断资本推行全球一体化理论体系的重要组成部分。其标志性事件是 1990 年由美国政府炮制的包括十项政策工具的"华盛顿共识"。按照美国学者约瑟夫·

---

　　①　新自由主义是一个包括众多学派的思想和理论体系。狭义新自由主义主要是指以哈耶克为代表的新自由主义。广义新自由主义，除了以哈耶克为代表的伦敦学派外，还包括以弗里德曼为代表的货币学派，以卢卡斯为代表的理性预期学派，以布坎南为代表的公共选择学派和以拉弗、费尔德斯坦为代表的供给学派等等，其中影响最大的是伦敦学派、货币学派和理性预期学派。

斯蒂格利茨的概括，"华盛顿共识"的教条是"主张政府的角色最小化、快速私有化和自由化"。①美国著名学者诺姆·乔姆斯基在他的《新自由主义和全球秩序》一书中明确指出："新自由主义的华盛顿共识指的是以市场经济为导向的一系列理论，它们由美国政府及其控制的国际经济组织所制定，并由它们通过各种方式实施。"②"华盛顿共识"已经远远超出了经济全球化，是经济体制、政治体制和文化体制的"一体化"。作为完成形态的国际垄断资本理论体系的新自由主义思潮，在方方面面都有表现，归纳起来主要是四个方面，这就是经济的自由化、私有化、市场化和全球一体化。这四个方面互相联系，彼此促进，不可分割。自 1990 年"华盛顿共识"出笼之后，新自由主义开始向全球蔓延。

在 1980 年代晚期和 1990 年代初期，新自由主义的政策也被传统上位居中间偏右的政党所采纳，美国的民主党在 1990 年代大幅采用新自由主义的政策，总统比尔·克林顿也支持北美自由贸易协议，并将自由贸易作为他的经济政策不可或缺的一部分，提倡科技知识产权作为美国减少贸易逆差的方式。一些中间偏左的新自由主义经济学家认为贸易保护主义与左翼右翼无关，而和"不对称"的问题有关。许多第三种道路的政党（包括英国的工党和德国的社会民主党）都采纳了新自由主义的政策。这些延续了 20 世纪 80 年代政策的政府主张可以运用这样的方式来达成更大的社会利益，并且利用经济捆绑的方式来使那些刚脱离共产主义制度的欧洲国家更快融入世界经济的行列。

在"华盛顿共识"的背景下，中央银行独立性问题重新被人们所重视，并把它作为新时期中央银行与政府之间关系的核心理论问题来加以研究。代表美国等西方国家意识的世界银行和国际货币基金组织则把提高中央银行独立性作为健全中央银行制度的实践问题，向其会员国提出，这实际上成为美国等西方国家国际垄断资本推行其全球一体化的内容之一。

---

① 斯蒂格利茨.斯蒂格利茨经济学文集[M].陈工文，李飞跃，纪沫，译.北京：中国金融出版社,2007.

② 诺姆·乔姆斯基.新自由主义和全球秩序[M].徐海铭，季海宏，译.江苏：江苏人民出版社,2000.

（三）区域经济一体化加速发展

20世纪90年代以来,世界区域经济一体化的发展大大加快了。如今,区域经济一体化已经覆盖了世界大多数国家和地区。据世界银行统计,全球只有12个岛国和公国没有参与任何区域贸易协议(RTA)。174个国家和地区至少参加了一个(最多达29个)区域贸易协议,平均每个国家或地区参加了5个。全世界近150个国家和地区拥有多边贸易体制和区域经济一体化的"双重成员资格"。①

区域经济一体化内容广泛而深入。新一轮的区域经济一体化协议涵盖的范围大大扩展,不仅包括货物贸易自由化,而且包括服务贸易自由化、农产品贸易自由化、投资自由化、贸易争端解决机制、统一的竞争政策、知识产权保护标准、共同的环境标准、劳工标准等,有些甚至提出要具备共同的民主理念。

一些发展中国家和转轨国家把区域贸易协议作为锁定贸易自由化或国内体制改革进程的机制,即通过外部的条约责任和有形、具体的承诺来促进国内的体制改革。同时,在区域经济一体化加速发展的过程中,区域成员国的相关经济制度也不断趋向一致,在区域网络中制度同化的趋势也越来越明显。中央银行独立性制度的扩散也不能忽视区域一体化的背景和作用。

（四）金融危机成为发展中国家增强中央银行独立性的催化剂

在20世纪70年代金融自由化改革之后,拉美国家于80年代、90年代和21世纪初多次爆发银行危机、债务危机等,危机爆发国家在IMF等国际金融组织贷款条件下被迫进行金融相关制度的一系列改革,其中就包括提高中央银行的独立性。1997年爆发的东亚金融危机也成为东亚发展中国家金融改革的催化剂。东亚危机中受灾严重的国家在危机中不得已接受了IMF的贷款条件,其中就包括了要求进行中央银行独立性的改革。这些国家被迫在汇率体制、金融与银行服务业部门采取了激烈的改革举措,并修改

① World Bank: Principal PTAs within World Bank Regions. (http://econ. worldbank. org/WBSITE/EXTERNAL/EXTDEC/EXTRESEARCH/EXTPROGRAMS/EXTTRADERESEARCH/0, contentMDK: 21875293 ~ pagePK: 64168182 ~ piPK: 64168060 ~ theSitePK: 544849 ~ isCURL: Y,00.html)

了本国重要的金融、银行等相关法规,使之更为开放和更具竞争力以适应全球投资贸易自由化的要求。一些免遭危机重创的东亚发展中经济体也如法炮制,在这种情况下,东亚许多发展中国家均提高了中央银行独立性。

(五)布雷顿森林体系的崩溃

1971 年 8 月美国尼克松总统宣布了以美元停兑黄金等为内容的"新经济政策"。其后虽经过史密森会议补救,但最终依然无法根本挽救已经彻底丧失存在基础的布雷顿森林体制。随着 1972—1973 年各个主要西方发达国家陆续实行浮动汇率制,以固定汇率和可兑换货币为特征的布雷顿森林体制便彻底结束了历史使命。

国际货币安排的这种重大转变对于中央银行自然也产生了重要影响。这一影响最集中地反映在实行单独浮动汇率制的国家。因为在浮动汇率体制之下,一国可以更容易地根据国内经济运行状态进行经济政策选择,从而可以使中央银行在货币政策选择上免受维持汇率稳定义务的束缚;与此同时,从固定汇率制到浮动汇率制的转变也解除了政府控制中央银行进行货币政策选择的外在约束。布坎南认为,浮动汇率制更容易使国内经济由于国内政治家的不明智策略而受到损害,因此在浮动汇率的国际货币安排体制之下,更需要通过合理的制度安排来加强中央银行独立性。

由于浮动汇率下中央银行不必要在外汇市场上进行干预,所以,货币政策无须保障汇率的需要,从而可以追求国内目标。但是,如何使用货币政策仍然会陷入国家间相互依赖形成的问题之中。货币扩张降低了利率,也会造成贬值。货币政策会有效果,但是,国际资本市场一体化制约着货币政策发挥作用的渠道。而且,世界其他国家的货币政策或财政政策的变动所产生的世界利率变动仍将会通过汇率的波动而传递到本国。

总之,中央银行独立制度的扩散是在世界全球化加速与深化的背景下展开的。

第四章

影响发展中国家中央银行独立性
的国际因素探析

20 世纪 80 年代末以来发展中国家中央银行独立性的提高并不仅仅是一国国内经济运行及其相关制度自然发展的要求,相反,这种提高主要是受到全球化背景下国际因素的影响。这些因素包括吸引 FDI 的动力、全球网络压力以及来自国际金融组织和评级机构的压力。

◆ 第一节 ◆

发展中国家中央银行独立性与 FDI 的互动关系

在探讨发展中国家中央银行独立性的影响因素方面,大多数学者将研究的视角放在一国内部,往往缺乏全球化的视野,忽视了国内经济与国际经济的联系和互动。发展中国家的中央银行独立是在当今世界经济全球化的背景下展开的,随着经济开放度的提高、资本流动性的迅速增强,一国中央银行独立性的制度选择不可能孤立于国际经济环境。

对国际资本需求的强弱程度是影响发展中国家中央银行独立性的最主要和最直接的国际因素。这些国际资本包括国际商业银行贷款、私人贷款、政府间贷款、国际金融组织贷款和 FDI。其中,FDI 是国际资本流动的主要形式,吸引 FDI 成为发展中国家对国际资本需求的最主要的形式。因此,本书首先专门针对发展中国家中央银行独立性与 FDI 之间的相互影响进行研究。可以说,目前发展中国家采纳中央银行独立制度或者提高中央银行独立性的最直接的外部原因是为了更好地吸引国际资本(主要是 FDI),并在竞争中占据优势地位。

FDI 之所以最为重要的原因在于,从一国政府的角度看:(1)FDI 能够比较直接和快速地解决就业问题,并可以有效地体现发展中国家政府的政绩。(2)FDI 能够在短期内刺激经济,直接形成生产力从而对经济增长有直接的促进作用。(3)吸收 FDI 不仅意味着发展中国家所缺乏的资本的流入,还同时具有外部正收益,即获得现成的商品出口渠道、先进的技术与管理经验等,促进本国的经济增长。(4)FDI 比其他资本形式要稳定得多,在经济动荡中显得尤为重要。(5)FDI 还可以刺激国内投资。有关研究表明,在 1978—1995 年间,每 1 美元 FDI 流入发展中国家能够带来平均超过 0.5 美元的国内投资。(Bosworth and Collins ,1999;Modya and Murshid,2005)

发展中国家中央银行独立性的提高究竟能否促进 FDI 的流入? 能否在各个发展中国家吸引 FDI 的竞争中取得优势? 本书试图从信号机制(signal mechanism)和国际信誉(international creditworthiness)的角度加以解释,并进行实证分析。

一、发展中国家的中央银行独立与 FDI：信号机制与国际信誉

发展中国家中央银行的独立性对 FDI 具有促进的作用。[①] 发展中国家中央银行的独立性对 FDI 的促进作用主要基于一种信号机制,具体包括以下几点：

(一) 从信号的发生过程来看，发展中国家中央银行的独立是一种提高国际信誉的制度安排

由于发展中国家政府往往缺乏一定的声誉,政府经济政策的可信度不高,"时间不一致"问题更使政府缺乏履行其货币政策承诺的动机,从这个方面看显然对吸引资金和投资不利。为解决上述问题,发展中国家政府通过将货币政策的决策权力授予一个独立于政府的机构(中央银行),并通过立法的形式确定,从而向投资者或国际债权人传达一个信号,即本国(东道国)的政府愿意遵守货币政策承诺,政府短期行为将受到约束,未来将会有一个相对稳定的货币政策和相对稳定的物价环境。发展中国家政府通过这样一个信号,提高其货币政策的可信度,降低投资者或国际债权人的风险预期,从而增强本国(东道国)的投资吸引力,促进 FDI 的流入。

[①] 目前很少有学者关注发展中国家中央银行的独立性与 FDI 的关系问题,Pastor and Maxfield (1997)对此问题进行了初步研究。

（二）从信号的内容来看，中央银行独立将带来相对较低的通胀预期、货币政策稳定预期与一定的经济可预测性

首先，现有的研究大都认为中央银行独立可以明显地抑制通胀、增强货币政策的稳定性。这种稳定性的增强可以增强投资者的信心，降低其风险预期，从而推进投资（Rogoff，1985）。其次，中央银行独立对实际利率的波动将产生积极的影响，避免实际利率的大幅波动带来的不确定性（Alesina and Summer，1993），增强经济的可预测性，更容易吸引投资，因为 FDI 不仅仅追求投资收益，也追求经济环境的可预见性。再次，在政权更替往往引起经济政策动荡的发展中国家，中央银行独立使货币政策的决策和实施能够避免政治压力，避免因为政府短期决策导致的货币环境和经济环境恶化，给投资者一个更为稳定的经济环境预期。

（三）从信号的传递和接受效果来看，国际金融机构和国际信用评级机构起到了信号强化的作用

基于西方发达国家的主流观点，国际金融机构对中央银行独立有明确甚至公开的政策偏好并极力提倡，国际信用评级机构也将中央银行独立作为评估一国经济政策与经济稳定的一个重要指标，这都对国际市场产生了不可忽视的影响，大大加强了信号传递和接受效果，对国际投资者起到了重要的指向作用。

20 世纪 90 年代早期，世界银行就曾经指出："通过授权给中央银行，政府可以加强其价格稳定承诺的可信程度。"（Word Bank，1992）而 IMF 也"一贯提倡独立的货币机构"（美国财政部，2001）。在 IMF 的许多公开出版物和 IMF 高级官员的发言中都可以找到提倡中央银行独立的主张和观点（IMF，2004，2007，2008a，2008b）。IMF 亚太区副总裁甚至提到，一个独立的中央银行是"整个宏观经济框架稳定可靠的关键所在"（Fidler，2001）。更进一步的是，IMF 在向一些发展中国家提供贷款时，将提高中央银行独立性作为贷款协议的条件之一，如阿尔及利亚、印度尼西亚、泰国、菲律宾、毛里求斯等国家。

国际信用评级机构和许多金融咨询公司在面向投资者的国家投资环境报告中，也采用了 IMF 等国际金融机构的评价标准（IPR Strategic Business

Information Database,2008;Moody's Investors Service, 2008),尤其是不少发展中国家缺乏公开的透明的信息,国际信用评级机构和金融咨询公司的主要信息来源只能是主要的国际金融机构。比如标准普尔的经济风险指数(用来评估一国的偿债能力)就包括了中央银行独立性程度,标准普尔的国家评估报告中也指出中央银行独立性程度会影响国家的信誉度。[①]

二、发展中国家中央银行独立性对 FDI 影响的实证研究

本书将分两步进行实证研究,先进行一个简单的数据比较的实证分析,再进行相对复杂的回归分析。

(一) 简单实证分析

综上所述,发展中国家中央银行的独立性对 FDI 的促进作用主要基于一种信号机制,或者说实际上是东道国政府向公众或者外国投资者等做出的一种承诺。从博弈论角度来看,承诺将货币政策权力授予独立的中央银行,并且以正式的公开的法律形式将这种承诺固定下来,使得政府违反其承诺的成本大大上升,这种承诺成为一种"可置信的承诺"。因此,只要这种信号一经发出,就会在短期内对 FDI 产生影响。

本书首先采用一个简单的实证分析方法,即统计了 1990—2005 年部分发展中国家 FDI 流入[②]占其 GDP 比重的数据,并且比较这个数据在采纳中央银行独立制度之前和之后的变化情况,为减小误差,本书主要采用 3 年和5 年的简单算术平均数据进行对比。样本国家根据实际数据的可获得性、各大洲分布情况等选取了 40 个发展中国家。按照本书的设想,如果发展中国家的中央银行独立对 FDI 有促进作用,那么在建立中央银行独立制度之后,FDI 应该比建立中央银行独立制度之前有所增长(这里没有控制其他变量)。从本书简单假设看,如果投资者在看到中央银行独立制度产生实际效果之前,即成功抑制通胀或其波动,就马上(短期内:3～5 年)对这种声誉信

① 例如,标准普尔 2005 年报告在解释巴西获得较高评级(BB 级)的原因时指出:"巴西已经在其货币政策独立上取得很大进步,并逐步实施了通胀目标制。"

② 本书采用的是 FDI 净流入。

号做出反应,那么 FDI 流入占其 GDP 比重的 3 年平均值或者 5 年平均值应
高于采纳中央银行独立制度之前。具体分析见表 4.1。

表 4.1　发展中国家中央银行独立前后的 FDI 比较

国家	建立中央银行独立制度的时间	中央银行独立之前 FDI 占GDP 比重（3年平均值）	中央银行独立之后 FDI 占GDP 比重（3年平均值）	中央银行独立之后 FDI 占GDP 比重（5年平均值）
亚美尼亚	1996	1%	5.3%	5.6%
阿塞拜疆	1996	3.6%	23.6%	17.2%
印度尼西亚	1999	1.6%	1.2%	2%
以色列	1992	0.3%	3.1%	6.2%
哈萨克斯坦	1995	2.6%	5.3%	6%
越南	1997	2.3%	4.5%	5.6%
伊朗	2005	1.2%	2.1%	2.2%
蒙古	1996	1%	1.6%	2.6%
斯里兰卡	2002	0.3%	0.6%	1%
菲律宾	1993	0.6%	1.2%	1.8%
乌兹别克斯坦	1996	0.3%	1%	1%
匈牙利	1991	0%	4.6%	4.3%
克罗地亚	2001	4.3%	4.7%	5%
阿尔巴尼亚	1998	2.7%	3.5%	3.3%
捷克	1993	2.3%	2.8%	3.8%
保加利亚	2005	8.7%	24.6%	16.7%[①]
塞浦路斯	2002	7%	6.9%	8.3%
摩尔多瓦	1995	1%	2%	1.8%

———————

①　因为无法获得保加利亚 2010 年的 FDI 数据,此项保加利亚 FDI 占 GDP 比重数据为
2006—2009 年 4 年的平均值。

续表

国家	建立中央银行独立制度的时间	中央银行独立之前 FDI 占GDP 比重（3年平均值）	中央银行独立之后 FDI 占GDP 比重（3年平均值）	中央银行独立之后 FDI 占GDP 比重（5年平均值）
波兰	1997	2.6％	3.6％	3.5％
罗马尼亚	1991	无数据	0％	0.4％
俄罗斯	1995	2.6％	3.6％	3.8％
阿根廷	1992	1％	1.3％	1.8％
巴哈马	2000	3.6％	3.3％	3.6％
玻利维亚	1995	2％	7％	6.8％
哥伦比亚	1992	1％	3.3％	3.1％
哥斯达黎加	1995	3％	3.6％	3.5％
洪都拉斯	1996	1％	2.3％	3％
也门	2000	1％	1.3％	1.2％
墨西哥	1993	1.3％	2.3％	2.6％
尼加拉瓜	1998	4.3％	7.3％	6.2％
秘鲁	1993	0％	4.6％	4.8％
乌拉圭	1995	0.6％	1％	1％
委内瑞拉	1992	2％	1％	1.4％
博茨瓦纳	1996	−2％	1.6％	1.4％
埃及	1993	1.3％	1.3％	1.2％
埃塞俄比亚	1994	0％	0％	1.2％
加纳	2000	2％	2％	2％
南非	1996	0.3％	1.3％	1.2％
坦桑尼亚	1994	0％	1.6％	1.8％
津巴布韦	1995	0.3％	1.6％	2.6％

资料来源：作者根据 Burak Sungu：Three Essays on Central Bank Independence，

Dependen ce and Economic Interaction 和 Sven － Olov Daunfeldty，Jörgen Hellströmza nd Mats Landström：Why Do Politicians Implement Central Bank Ind ependence Reforms?（www. ratio. se/pdf/wp/sod_jh_ml_central_bank. pdf）以 及 World Bank（http://data.worldbank.org/）数据计算整理。

从表 4.1 可见,显然在发展中国家,中央银行独立对 FDI 有比较明显的促进作用。在 40 个国家中,有 33 个国家 FDI 流入占 GDP 比重的 3 年平均值和 5 年平均值均高于采纳中央银行独立制度之前,即 FDI 流入有比较明显的增长。只有印尼、巴哈马、委内瑞拉、埃及、加纳和埃塞俄比亚 6 个国家的 3 年平均值没有增长或出现下降。值得注意的是,在 40 个国家中,只有 25 个国家 FDI 流入占 GDP 比重的 5 年平均值比 3 年平均值要高,本书认为这可能是由于在较长的时期中,有些发展中国家的中央银行独立制度远远没有达到投资者所预期的实际效果。

（二）面板数据的回归分析
1.模型设定与变量说明
用面板数据建立的静态模型一般有三种,即固定效应模型、随机效应模型和混合效应模型。如果模型设定不正确,将有可能造成较大的偏差,因此在确定模型形式之前,有必要对模型的设定形式进行检验。本书经过 Hausman 检验,确定采用比较合适的固定效应模型。为验证发展中国家中央银行独立性对 FDI 的积极促进作用,本书构建回归模型如下:

$$FDI_{it}=\beta_0+\beta_1 CBI_{it-1}+\Sigma\beta_n \text{Control Variables}_{it-1}+\varepsilon$$

其中 $\Sigma\beta_n$ Control Variables$_{it-1}$ 展开为:

$\Sigma\beta_n$ Control Variables$_{it-1}=$

β_2 GDP Growth$_{it-1}$ + β_3 Inflation$_{it-1}$ + β_4 GDP per capita$_{it-1}$ + β_5 Urbanization$_{it-1}$+β_6 Primary completion$_{it-1}$+β_7 Wage$_{it-1}$+β_8 Polity$_{it-1}$+ β_9 Capital Openness$_{it-1}$

这里,FDI 是净流入的外国直接投资占 GDP 的比重。FDI$_{it}$ 是指国家 i 在 t 时间(年)外国直接投资占 GDP 的比重。CBI 是中央银行独立性测度指标,这里采用 Cukierman(1992)的法律独立性指标[①]。CBI_{it-1} 是指国家 i 在 $t-1$ 时间(年)的中央银行独立性指标。Control Variables$_{it-1}$ 表示东道国其他特征的控制变量,主要是为了控制东道国影响 FDI 的其他因素。这里本书主要选取了实际 GDP 总量的增长率、通胀率(取自然对数)、人均 GDP、城市人口比重、适龄人口的小学毕业率、周工资水平、政治制度指数、资本开放度等共 8 个变量。ε 为误差项。为避免因果关系的方向误差,所有自变量均1 阶滞后(时间单位为年)。

本书采用库克曼的法律独立性指标作为中央银行独立性的测度指标,主要是考虑到以下几个方面的原因:一是从信号机制的角度对中央银行独立性与国际投资的关系进行解释。在短期内,中央银行独立向投资者传达的信号或者承诺会马上对国际投资产生实际的影响,而不需要这种信号或者承诺确实实现。因此,发展中国家中央银行的法律独立性虽然有可能与实际独立性不一致,但是从本书的研究目的看,采用库克曼的法律独立性指标还是比较合适的。二是库克曼的法律独立性指标是非常全面的指标,而且大多数已有的研究都采用了这个指标。三是基于库克曼的法律独立性指标可以较好地搜集横截面的数据,更好地观测系统差异,并且有比较全面而且可靠的数据支持。

外国直接投资净流入是一个流量,虽然本书采用外国直接投资净流入占 GDP 的比重作为因变量,但是模型中的 FDI 仍然容易受到世界整体经济周期变化的影响。从这个角度考虑,本书选取了实际 GDP 总量的增长率作为控制变量之一,用来代表对将来增长的预期。考虑到经济的稳定性和可预见性,本书又选取了通胀率(取自然对数)作为控制变量。东道国自身的经济状况和特点对 FDI 流入有重要影响,实证研究一般都认为东道国的经济发展水平、经济表现、基础设施情况、劳动力的数量和质量等因素对 FDI 流入起重要作用。[②] 这里的角度主要是为描述东道国的稳定性和风险,同时为了避免变量过多产生的共线性问题,本书选取了人均 GDP、城市人口比重

---

① 库克曼的法律独立性指标包括 4 个方面共 16 个特征量,按权重合成一个单一指标,此指标在 0～1 之间,0 为独立性最低,1 为最高。

② Blonigen B A. A Review of the Empirical Literature on FDI Determinants[EB/OL]. http://www.nber.org/papers/w11299.

代表东道国经济发展水平,其中城市人口比重也在一定程度上反映了基础
设施情况以及劳动力数量和质量情况;前述的实际 GDP 总量增长率、通胀
率(取自然对数)代表东道国的经济表现;适龄人口的小学毕业率[①]和周工资
水平代表东道国劳动力的数量和质量情况。本节变量的数据均来源于世界
银行。[②]

　　许多实证研究指出东道国的政治制度质量与开放程度也是 FDI 流入的
重要决定因素(Bandelj,2002;Daude and Stein,2007),因此本书采用 Polity
IV 指标[③]来衡量东道国的政治制度质量与民主程度。Polity IV 指标包括了
21 个测量标准点,评分数值在 -10 到 +10 之间,数据来源于 CSP(the
center for systemic peace)[④]。东道国汇率和开放水平采用秦和埃托(Chinn
and Ito,2008)的资本开放度指标[⑤]代表,其数据来源于 IMF 的汇率安排与
外汇限制年报(annual report on exchange arrangements and exchange restri
-ctions)[⑥]。具体变量说明见表 4.2。

　　2.样本选择

　　之前的一些有关中央银行独立性的实证研究的样本时间在 1990 年之
前,而实际上 1990 年到 2000 年这一段时间是世界中央银行独立性快速变
化的重要时间段,样本缺乏这一时间段就难以反映当代世界中央银行独立
性变化的实际。同时考虑到 1960 年到 1990 年这一段时间实际世界中央银
行独立性的变化是非常小的,再基于数据的可获得性,本书选取了 1989—
2003 年的样本时间。这段样本时间是中央银行独立性重要的转变时期,而
且有比较充分的数据。

---

① World Bank:Primary completion rate, total (% of relevant age group).

② 资料引自 http://data.worldbank.org/。

③ Marshall M G, Jaggers K. Polity IV Project:Political regime Characteristics and
Transitions, 1800-2004.University of Maryland,2007.

④ 资料引自 http://www.systemicpeace.org/polity/polity4.htm。

⑤ Menzie D, Hiro Ito. A New Measure of Financial Openness [J]. Journal of
Comparative Policy Analysis, 2008,10(3).

⑥ 资料引自 http://www.imf.org/external/pubs/cat/longres.cfm? sk=23953.0.

表 4.2　变量说明

变量名称	变量解释	数据来源
FDI（自变量）	净 FDI 流入占 GDP 比重	世界银行（http://data. worldbank. org/）
CBI	Cukierman 的法律独立性指标	Polillo and Guillen（2005）、Crowe and Meade（2007）、Cukierman，Miller and Neyapti（2002）、Cukierman，Webb and Neyapti（1992）
GDP Growth	实际人均 GDP 增长率	世界银行（http://data. worldbank. org/）
Inflation	实际年通货膨胀率（取自然对数）	同上
GDP per capita	实际人均 GDP（美元）	同上
Urbanization	城市人口比重占总人口比重	同上
Primary completion	适龄人口的小学毕业率	同上
Wage	周工资水平（美元）	同上
Polity	Polity IV 指标	CSP（http://www.systemicpeace.org/ polity/poiity4.htm）
Capital Openness	Chinn 和 Ito 的资本开放度指标	IMF：汇率安排与外汇限制年报（http://www.imf.org/external/pubs/ cat/longres.cfm? sk＝23953.0）

　　国家样本的选择上，本书一共选取了 38 个发展中国家，具体包括：欧洲的亚美尼亚、阿塞拜疆、马其顿、摩尔多瓦、波兰、罗马尼亚、俄罗斯、乌兹别克斯坦、阿尔巴尼亚、保加利亚、克罗地亚 11 个国家；美洲的阿根廷、巴哈马、哥伦比亚、玻利维亚、哥斯达黎加、洪都拉斯、墨西哥、尼加拉瓜、秘鲁、乌拉圭、委内瑞拉、智利 12 个国家；非洲的博茨瓦纳、埃及、埃塞俄比亚、加纳、

肯尼亚、南非、坦桑尼亚、津巴布韦 8 个国家；亚洲的印度尼西亚、以色列、哈萨克斯坦、蒙古、菲律宾、韩国、印度 7 个国家。这些选择的依据首先是各大洲发展中国家的数量，其次根据中央银行独立性发展的趋势适当增加了欧洲国家，再次是剔除了一些经济发展情况比较特殊的国家和难以获得可靠数据的国家。

3.分析结果

具体回归分析结果见表 4.3。(1)列主要包括了东道国自身基本要素对 FDI 流入的影响，不包括政治制度和开放水平变量。(2)列到(5)列均包含了中央银行独立性变量(CBI)，并依次加入政治制度和开放水平变量。显然，(2)列到(5)列中，CBI 的系数方向均符合预期，并均在 1% 水平上统计显著为正，这说明中央银行独立性与东道国的 FDI 流入有较为明显的正相关关系。各控制变量中只有政治制度变量系数方向与预期不符合，一般认为政治制度质量与民主程度与 FDI 流入正相关，但是有研究显示，制度质量对发展中国家经济增长的积极影响较小，而制度不稳定对发展中国家经济增长作用较大[①]。本书中加入 CBI 变量后，由于中央银行独立于政治压力，会干扰低质量的政治制度和民主程度对 FDI 的负效应，同时低质量政治制度和民主程度的国家可能也会采用中央银行独立的制度安排来避免使货币政策决策卷入到政治波动中，由此我们也可以一定程度上理解全球化背景下一些发展中国家政治制度和民主程度水平较低但却拥有独立性较高的中央银行。

---

① Berggren N, Bergh A, Bjornskov C. The growth effects of institutional instability [R]. RatioWorking Papers,2009(5).

表 4.3　发展中国家中央银行独立性程度对 FDI 流入的影响

自变量	预期	(1)	(2)	(3)	(4)	(5)
CBI	+		2.601***	3.185***	3.305***	3.451***
			(1.101)	(1.001)	(0.99)	(1.031)
GDP Growth	+	0.025	0.024	0.022	0.019	0.028*
		(0.018)	(0.019)	(0.019)	(0.018)	(0.018)
Inflation(logged)	−	−0.293***	−0.268***	−0.257***	−0.259***	−0.258***
		(0.069)	(0.105)	(0.104)	(0.106)	(0.108)
GDP per capita	+	0.0008**	0.0009*	0.0009*	0.0009*	0.0009*
		(0.0004)	(0.0005)	(0.0005)	(0.0005)	(0.0005)
Urbanization	+	0.187**	0.16*	0.175**	0.163**	0.171*
		(0.091)	(0.09)	(0.088)	(0.083)	(0.096)
Primary completion	+	1.38***	1.10***	1.00***	1.31***	1.01***
		(0.525)	(0.438)	(0.375)	(0.341)	(0.375)
Wage	−	−0.003**	−0.0033***	−0.0037***	−0.0036***	−0.0031***
		(0.0013)	(0.0013)	(0.0014)	(0.0014)	(0.0013)
Polity	+			−0.087*		−0.083*
				(0.048)		(0.049)
Capital Openness	+				0.0041**	0.004**
					(0.002)	(0.002)
R^2		0.497	0.501	0.503	0.502	0.506
样本数量		570	570	570	570	570

注：***，**，* 分别表示在 1%、5%、10% 水平上统计显著。括号中数字为标准误。

三、发展中国家的中央银行独立性与吸引 FDI 的竞争优势

在前文的论述中，我们已经初步证明发展中国家的中央银行独立性的提高可以促进 FDI 的流入。在实践中，当今各个发展中国家在吸引来自于发达国家的 FDI 上进行着激烈的竞争。进而，对发展中国家来说，较高程度

的中央银行独立性能够使一国与其他相似的竞争对手国家相比,拥有吸引
FDI 的竞争优势。笔者将对此做一个实证分析。

　　首先,假设较高程度的中央银行独立性能够使一国获得吸引 FDI 的竞
争优势,换言之,多个国情特点相似的发展中国家都试图吸引 FDI,中央银
行独立性程度较高的国家将获得竞争优势。

　　其次,以标准普尔的主权信用债券评级[①]作为标准,将相同主权信用债
券评级的国家作为一组国情特点相似的国家。

　　再次,在一个国情特点相似国家的分组中,用一国 FDI 的流入量占本组
总量的比例代表其相对竞争力。依据前面的假设,中央银行独立性程度较
高的国家所占的比例应相对更高。在一个包含多个国家的分组中,先计算
中央银行独立程度最高的 25％的国家 FDI 流入量占本组总量的比例;再计
算中央银行独立程度最低的 25％的国家 FDI 流入量占本组总量的比例;最
后比较这两个比例的大小,检验所提出的假设。

　　为加强分析的准确性,笔者在数据可获得的基础上选取了 81 个发展中
国家 1990～2000 年的数据作为样本,分析中将国家数量小于 4 个的分组忽
略不计。在 50 个观测组中,只有一组观测值不符合假设,而且对比非常明
显,中央银行独立程度最高的 25％的国家 FDI 占本组的比例平均比对应的
最低的 25％的国家高 23 个百分点。此外,笔者还观测到从 1990 年到 2000
年,无论在哪个评级组中,最低的 25％的国家所占 FDI 比例有不断缩小的趋
势,最高的 25％的国家则有扩大的趋势。[②] 据此,本书认为,较高程度的中央
银行独立性更能够获得吸引 FDI 的竞争优势。具体分析数据见附录 4。

---

　　① 标准普尔的主权信用债券评级主要依据各国的国情特点,包括一国的通胀、经济增
长、政府债务、人均 GDP、开放度等一系列标准,相同的评级代表了相似的投资风险水平。
　　② 当然,这一实证分析没有考虑其他因素的影响,主要是反映一种联系。

◆ 第二节 ◆

全球网络压力对发展中国家中央银行独立性的影响

一、中央银行独立制度的"多米诺效应"：全球网络的视角

随着全球化的快速发展，世界各国的经济、政治、社会等日益密切相关，形成了一个全球网络，一国的几乎所有要素都成为这个全球网络的一部分。本书将从全球化和全球网络的视角，借鉴世界体系、世界社会的观点来分析影响发展中国家中央银行独立性的国际因素。

一国经济制度质量的提高能够促进经济的良性发展，给实体经济变量如 GDP 增长、FDI 等带来积极的影响，正式或非正式的制度安排的质量往往在长期中与经济表现呈正相关关系，这一点已经成为共识。从新制度经济学的观点来看，发展中国家与发达国家的关键差距就在于制度安排的质量，因此许多发展中国家都积极地推进制度改革以促进经济发展。

但是，从全球网络的视角来看，任何制度都不是孤立的，它们都是全球制度网络的一部分。这种全球制度网络是通过各种制度之间相互作用，包括双边和多边的互相依存和相互影响而产生的。在这个全球制度网络中，一国的制度不可能是一个独立的结构，它的效应和结构必然受到网络中其他制度安排的影响。一项制度安排在网络上的扩散表现为：一项新的制度安排在某种情况下在网络的某一点上出现，进而在网络的一部分（往往是网络的先进群体）得到确认和再确认，然后逐步成为这一网络标准化的制度安排，最终为所有网络成员所接受。中央银行独立制度的全球扩散，正类似于这样一个过程，而发展中国家的中央银行独立正是在这样的一种模式下进行的，不可避免地受到制度网络扩散的影响。

在全球化和全球网络日益深化的环境下，一国的制度决策会影响其他国家的制度决策，这种互动的主要原因来自网络的外部性，这种外部性由于全球化和全球网络日益深化而不断增强，它使其他网络成员对一国的制度

决策做出反应。A 国已经采纳的制度安排将影响到 B 国对这种制度的采纳需求,并以类似脉冲的形式扩散至整个网络,就像多米诺骨牌一样,本书将这种现象称为"多米诺效应"。中央银行独立制度的全球扩散也存在这种"多米诺效应"。

　　社会网络观点认为,嵌入于同一网络的行动者往往可能采取相似的行为模式或者组织结构,即"同质化"(isomorphism)。这主要基于两种机制:标准同质化和竞争同质化(Di Maggio and Powell, 1983; Guler et al., 2002; Burt, 1987; Mizruchi, 1993)。将这种观点扩展到全球制度网络,标准同质化和竞争质同化成为两个来自外部的、影响发展中国家中央银行独立性的重要因素。

二、全球网络下中央银行独立的竞争同质化机制

(一)竞争同质化机制的概念与扩展

　　竞争同质化机制是指在竞争的环境之下,迫于竞争的压力,同一群体的各个相似的竞争对手之间互相进行模仿,进而逐步同质化的过程。社会比较是竞争同质化机制观点的核心内容,在网络中的行为者(也可以是国家)竞争的一个重要驱动力就是维持和增强其在社会网络结构中的地位(Burt,1987),它们之间的竞争导致行为或者结构的模仿乃至同质化。迪玛吉和鲍威尔(Di Maggio and Powell ,1983)认为,当某个组织必须做出某种重要的决策,但是缺乏与决策相关的信息与知识,难以确定决策带来的后果时,便会模仿先进的竞争对手的模式。这种模仿往往需要两个条件:一是缺乏相关信息与知识,后果不确定;二是存在一个竞争的环境,在这样的环境下行为者的社会地位或者市场地位受到竞争威胁。

　　竞争同质化机制主要由社会学者从社会网络的角度提出,将其应用到全球网络层面,以此来分析发展中国家中央银行独立制度的扩散现象。一方面,学术界在中央银行独立性上一直存在较大的争论,可以认为对此发展中国家是缺乏相关信息的,是一种不确定的情况。另一方面,发展中国家越来越处于激烈竞争的环境之下,并且越来越深入地参与到全球化过程当中,竞争压力不断加大,来自外部的对发展中国家的国际地位、市场地位等竞争

威胁不断加强。

温斯普和曼德尔（Winship and Mandel,1984）提出了角色等同（role equivalence）的概念①,角色等同是指两个行为者与第三方有同样性质的联系。具体到国际经济关系网络上看,如果 A 国和 B 国都是第三国的投资目的国,那么 A 国和 B 国就属于角色等同。在角色等同的国家往往表现为在同一资源或者同一产品市场竞争的国家,这些国家（行为者）可能会相互模仿、采纳相同的行为模式以避免自己的竞争地位被削弱。具体到中央银行独立制度上,假设 A 国和 B 国角色等同,在其他条件相同的情况下 A 国的中央银行独立性较强（或者说建立了中央银行独立制度）而 B 国则较弱（或者说没有建立中央银行独立制度）,如果中央银行独立作为一个标准化规范存在,或者 A 国是一个地位较高的"成功者",那么 B 国为维护自己的竞争地位,就会模仿 A 国提高其中央银行独立性。这就是角色等同情况下的同质化,这种同质化有两个原因,一是这些国家在同一资源或者同一产品市场互相竞争、互相推动乃至互相学习,这些竞争关系建立了一个比较、沟通和模仿的渠道;二是角色等同意味着这些国家属于同一群体,往往具有本身结构和特点的相似性,他们之间的相互模仿更具有针对性且更加有效。

（二）竞争同质化的基础

世界体系的观点认为,一个国家对贸易、外国投资和多边借贷的依赖形成了各国相互竞争、趋向同化的基础,这种情况在发展中国家尤其典型,发展中国家对贸易、外国投资和多边借贷的依赖程度往往比发达国家更强。

1.贸易

一个国家依赖世界或者外国市场以买入所需要的产品或者卖出自己的产品,这样,贸易就产生了依赖。依赖关系导致国家在世界市场的地位和声誉十分重要。全球化和世界贸易使各个国家为寻求其在国际经济活动中的地位,而有选择地进行贸易区域主义、产业保护主义和重商主义的竞争（Gilpin,1987,2000）。政府可能寻求强货币政策（因此要求抑制通胀）,以增强其国家在国际经济活动中的地位和声誉。低通胀和强货币的国家在世界

---

① 相对应地,Burt(1987)提出了结构等同（structural equivalence）的概念。结构等同指两个行为者都与同样的第三方有联系,但这种联系的性质不一定相同。

贸易谈判中可能获得更有利的地位(Helleiner,1994)。公众(尤其在出口导向型的国家)偏好较低的通胀率,这不仅是保护其购买力的一种方式,也是作为其国家声望的一个信号(Shiller,1996)。经济史的一些研究认为,一国的货币发行代表着国家的身份象征,是对一国领土主权和国际地位与信誉力的确认(Helleiner,2003)。

2.外国投资

外国投资(尤其是 FDI)使一国对企业组织(比如跨国公司)产生了依赖,这是新制度主义观点中"同质化压力"的一个主要来源。外国投资者主要关注两个方面,即资本收益和风险,风险往往受到更高的关注程度。因此,外国投资者非常注重东道国在国际金融体系中的声誉,政治家可能倾向于提高中央银行独立性来吸引外国投资(Maxfield, 1997;McNamara, 2002)。从主流观点看,由一个与相对独立于政府的中央银行来控制货币变量更能够保障外国投资者的利益,即通胀能够得到较好的抑制,汇率变动也相对稳定。由于 20 世纪 80 年代以来,越来越多的跨国公司将东道国作为其出口平台,像跨国公司这样的外国投资者也倾向于偏好中央银行独立制度(UNCTAD,2002)。

3.多边借贷

多边借贷的压力主要来源于国际金融组织,比如 IMF。20 世纪 90 年代以来,IMF 作为负责在一国金融恶化或者危机时期提供贷款援助的机构,在其提供贷款援助时不断地增加一定的贷款条件,这些条件其中就包括要求建立中央银行独立制度。

在发达国家主导世界国际经济秩序、发展中国家各项资源缺乏的情况下,发展中国家对发达国家的依赖关系表现为发展中国家之间的竞争关系。全球网络下的竞争同质化机制就建立在这样的基础之上。20 世纪 90 年代以来,全球化加速和深化的背景下,发展中国家之间争夺上述资源的竞争更加激烈。实际上,包括发达国家、发展中国家在内的世界各国之间的竞争都更加激烈了。

三、全球网络下中央银行独立的标准同质化机制

（一）标准同质化的概念与扩展

标准同质化（normative isomorphism），又称为标准模仿（normative imitation），这个概念主要源于杜克海姆（Durkheim, 1965）。他认为，有密切联系的社会网络中的行动者倾向于采用类似的行为模式，同时倾向于同一化、收敛化和内聚化。这种同一化、收敛化和内聚化的程度往往取决于网络的密集度。这些行动者将相互模仿其行为模式，并以此作为在这个密集的社会网络群体中表现得体的标志。这样的内聚的社会网络将产生一些"神圣标准"（sacred objects），并以此作为界定网络成员的标准，不符合此标准的成员将遭到排斥或处于不利地位。当网络中某些地位较高的成员采纳某种新的行为模式后，随着采纳成员达到一定的数量，就会引发模仿行为，有越来越多成员跟随采纳，这种新的行为模式就会自动获得"合法地位"并逐渐成为新的"神圣标准"。

我们将上述社会网络的分析方法扩展到全球网络层面。

复杂的金融、贸易关系形成和决定了世界体系的结构和形式，而国家是嵌入于这种复杂的金融、贸易关系结构中的。随着全球化的加速发展与日益深化，上述的标准同质化机制也会在这种国家间的全球网络中出现，金融、贸易关系的密集度与强度代表了一个给定国家所嵌入的网络的密度，同时也代表了网络中可能发生的同一化、收敛化的程度。相互之间金融、贸易关系密切的国家，更有可能采取相似的行为模式，这种行为模式就包括中央银行独立制度。

采用全球网络的标准同质化机制来解释中央银行独立基于一种假设，即国家寻求其在国际金融体系中的信誉，进而希望增强其地位和声望。布雷顿森林体系崩溃后，世界各国的货币没有统一的标准，根据主流经济学的观点，一国的货币将具有与其国家生产力相当的相对价值，而货币的价值可以通过中央银行建立良好的信誉而获得增值，这种良好信誉的建立取决于两个方面，一方面是国家本身的信誉，另一方面则是发行货币中央银行的信誉。发达国家往往具有比较良好的国家信誉，但发展中国家难以仅仅凭借国家信誉提高自身货币信誉，而建立中央银行独立制度以提高其独立性能

够在一定程度上增强其货币信誉,这是发展中国家中央银行独立制度改革的重要动力之一。

在全球网络中,当一部分国家开始采纳中央银行独立制度提高其独立性后,这种中央银行独立制度契合了发达国家的意识形态,并获得国际组织(如 IMF)的认可和大力提倡、推行,成为一种标准模式。中央银行独立制度在一定程度上成为网络群体身份的象征,不具备这样的身份就可能被群体所排斥。那些不符合标准模式的成员就成为网络标准的违反者,即没有建立中央银行独立制度的国家将损害其在国际金融体系中的信誉,产生不利后果。在这种标准同质化的压力下,采纳中央银行独立制度的国家就会越来越多。

(二)从众模仿与学习模仿

标准同质化的具体过程中,存在着两种模仿行为,即从众模仿与学习模仿。[①] 从众模仿是指在制度改革的收益无法确定的情况下[②],决策者很难用成本—收益的分析方法来分析其决策,在信息不完全的情况下,不得不盲从全球或者地区的主流趋势的制度模式。

从众模仿是一种非认知型的模仿,但其效果不容忽视,这种效果主要依赖主流趋势的力量强弱。学习模仿是指决策者对于制度改革缺乏可靠的信息以及获得信息的有效渠道,转而向外部寻求可供决策参考的资源。当决策者面临一个普遍的问题时,他首先会向其他相似的组织和国家学习,看如何对方是决策的。学习模仿过程具有高度的选择性,决策者只会在其认知的基础上选择成功的例子进行学习和模仿。

值得注意的是,无论是从众模仿还是学习模仿,并非一定需要制度改革与良好的经济表现之间具有因果关系。大多数情况下,这些模仿只是模仿,它不具备理性的原因,而只是通过简单的观察甚至是假设而进行,它仅仅是将制度改革与希望发生的政策产出这两点连接起来。例如,德国中央银行独立制度在抑制通胀上取得了成功,便很快作为一个成功的范例被欧洲各

---

① 从众模仿和学习模仿也发生在竞争同质化过程中,但是在标准同质化中更为明显。

② 在发展中国家中央银行独立制度改革问题上,制度改革收益无法确定的情况非常明显,学术界的争论至今还在进行,实践的结果又难以判别。

国所模仿。但是,实际上其成功的原因并未取得共识,许多学者认为德国中央银行在抑制通胀上的成功原因主要并不在于其制度结构,而在于德国中央银行决策者持续的保守立场。在这个例子中,虽然难以找到德国中央银行的独立制度结构与良好的通胀表现之间的因果关系,但这并不能阻碍欧洲各国对它的模仿。

◆ 第三节 ◆

国际金融组织和评级机构对
发展中国家中央银行独立性的影响

国际金融组织和评级机构在中央银行独立制度全球扩散中起到了非常重要的作用。

一、IMF 和世界银行对中央银行独立制度的提倡

IMF 和世界银行一直是美国等西方国家主流意识的代表和推行者。"华盛顿共识"以来,IMF 和世界银行进一步加强了在全球推行其新自由主义意识、政策乃至制度安排的步伐。IMF 和世界银行的各种报告、出版物、召开的会议以及官员的演讲中都渗透着其意识倾向,并且正式或非正式地宣扬和提倡美国等西方国家主流意识所偏好的思想观点、政策乃至制度安排。中央银行独立制度正是其中之一。

20 世纪 90 年代早期,IMF 和世界银行就已经明确地将中央银行独立制度作为一种先进的制度安排进行提倡,并将中央银行独立作为承诺改善经济政策的一种积极信号。许多明确提倡中央银行独立制度的内容都可以在

IMF 和世界银行的出版物及其官员的演讲发言中找到。①

　　IMF 和世界银行利用其在世界经济和金融体系中的影响力和所掌控的资源来推行美国等西方发达国家的主流意识乃至制度安排,中央银行独立制度就是其中之一。从全球网络的视角考察,IMF 和世界银行作为全球网络中的"权威者",他们所代表的美国等西方发达国家也是网络中的"权威者",具有制定"标准"的话语权,中央银行独立制度在其大力提倡下逐步成为一种团体成员的"标准模式"和身份的象征,不具备这样的身份就可能被这个群体所排斥。在这种标准同质化的压力下,采纳中央银行独立制度的国家就会越来越多。

二、IMF 的贷款条件

　　IMF 不仅通过其"话语权"来推进中央银行独立制度的扩散,还直接通过其掌控的资源对发展中国家直接施加压力和影响,来推进其采纳这种制度安排。IMF 的一项重要职能是对发生国际收支困难的成员国在必要时提供紧急资金融通,或者为陷入严重经济困境的国家提供协助。IMF 的贷款协议中,要求向 IMF 申请借款的国家达到一定的经济目标或者实施一定的改革,这被称为"贷款条件"(loan conditionality 或 conditionality terms)。在世界银行与 IMF 提供的金融援助活动中,贷款条件构成其核心要件,频繁出现在世界银行与 IMF 的相关正式文件中。

　　IMF 实际上从 1952 年起就已经有权要求在贷款协议中附加一定的条

---

　　①　例如在 IMF 的出版物《公共信息通告》(Public Information Notices ,PINs)中,可以频繁看到 IMF 高层官员希望马其顿、伊朗等国家加强中央银行的权力,建立中央银行独立制度的内容。PINs No. 08/146 中提到马其顿时表示,"为处理银行问题和给予中央银行独立地位,(IMF 高层官员)希望尽快推进加强中央银行权力的新法案立法进程"(IMF,2008a)。PINs No. 04/109 中提到伊朗时也表示,"(IMF 高层官员)希望建立中央银行独立制度"(IMF,2004)。PINs No. 08/86 中提到伊朗时,又表示,"给予中央银行操作独立性并将控制通货膨胀作为中央银行的首要目标,将能够提高货币政策的效率和固定通货膨胀预期。(IMF)希望重新开始制定新的中央银行法的工作"(IMF,2008b)。相应的,IMF2008 年的伊朗国家报告中又提到,"(伊朗)政府已经受到(IMF)大力鼓励和支持,以重新开始制定新的中央银行法草案的工作"(IMF,2008c)。

件,但是一直以来真正制定并出现在贷款协议中的贷款条件很少。里根任美国总统期间,IMF 和世界银行在全球金融事务中的地位和影响力大大提高。同时,里根政府提倡"跨国政策协调"的观点,将各国的金融政策和制度"协调一致"作为应对全球金融动荡的最有效的手段。里根政府认为 IMF 应当促成和推进一系列的"指导规则",以确保各国政策制定者的"责任"和"纪律"。在"华盛顿共识"的背景和美国政府的推进下,IMF 的贷款条件数量开始迅速增加。在 20 世纪 90 年代,IMF 的借款协议中所包含的贷款条件是80 年代的 3 倍。例如,印尼与 IMF 签订的借款协议中所包含的贷款条件达到 140 项。[①]

IMF 的贷款条件一般包括财政政策、货币政策以及中央银行管理商业银行和金融市场的规则体系,这其中往往包含了要求增强中央银行的自由度乃至独立性的条件。如刚果民主共和国在 2002 年 4 月 12 日向 IMF 递交的借款意向申请书中提到:"为与本国的其他政策保持协调,本国将把新的中央银行法颁布时间推迟到 2002 年 4 月。新的中央银行法将确保中央银行的独立地位。"[②]又如韩国在 1997 年 12 月 3 日向 IMF 递交的借款意向申请书中提到:"在 12 月份的总统大选结束后,将召开一次特别国民议会会议,以通过韩国中央银行法修订案,此法案将授予韩国中央银行充分独立性,价格稳定是其首要目标。"[③]斯蒂格利茨(Stiglitz,2002)认为,这是典型的 IMF 干预主权国家内部事务的例子。据路透社报道,在塞尔维亚已经提前三年还清 IMF 贷款的情况下,IMF 仍然坚持要求塞尔维亚总理 Vojislav Kostunica 建立中央银行独立制度。[④]

[①]　Goldstein, M. IMF Structural Conditionality: How Much is Too Much? [R]. Institute for International Economics Working Paper, 2001.

[②]　见 IMF 网站(http://www.imf.org/external/np/loi/2002/cod/02/index.htm)。

[③]　见 IMF 网站(http://www.imf.org/external/np/loi/120397.htm)。

[④]　Filipovic, Gordana. Serbia Needs Economic Self−Discipline−IMF[N]. Reuters.com, 2007-04-13.

三、学术界和各种媒体的传播

IMF 和世界银行作为世界权威的金融机构，拥有一大批出色的经济学家为其服务，在全球推广其观点和思想意识，这也必然对发展中国家产生重要的影响。

IMF 和世界银行越来越扮演着世界经济、金融统计和各种经济信息、政策参考信息提供者的角色。IMF 和世界银行利用其各种资源优势，免费而且公开向全世界各界提供大量的世界经济、金融的统计资料、研究报告、政策资信、经济研究论文、世界经济预测等信息资源，其影响力遍布全球。许多发展中国家自身的经济信息往往不公开、不透明，IMF 和世界银行提供的各种资料就成为公众（包括国际评级机构和投资者）获取相关信息的渠道。在世界银行有许多跨国公司的经济专家作为会议代表，他们也往往采用这些资料作为评估一国投资环境的基础依据。

许多发展中国家的政府机构、媒体和学者都在搜集和传播 IMF 和世界银行提供的各种资料和研究报告，这些资料和研究报告中所渗透的观点和思想意识也不可避免地对其产生重要影响。IMF 等国际组织对中央银行独立制度的提倡观点也是如此。例如，美国财政部就曾经将 IMF 关于阿尔及利亚和越南中央银行独立水平较低的评估报告转给国会（美国财政部，2001,2006）。在那些还没有建立中央银行独立制度以至于达不到 IMF 贷款条件的国家（如阿尔及利亚、毛里求斯、乔治亚），甚至已经还清贷款的国家（如塞尔维亚），IMF 均极力推荐中央银行独立制度，而这些发展中国家本国的媒体和学者也往往积极传播和支持 IMF 的建议和观点。这种传播大大影响了发展中国家的舆论倾向。尽管西方社会对 IMF 毁誉参半，但调查显示，超过 60% 的亚洲人和 70% 的非洲人认为，IMF 和世界银行对他们的国家有正面的影响。[1]

---

① Engdahl F M. How the IMF Props Up the Bankrupt Dollar System(http://www.serendipity.li/hr/imf_and_dollar_system.htm).

四、国际评级机构和国际金融咨询公司的推动作用

国际评级机构和一些国际金融咨询公司也对中央银行独立制度的扩散起到重要的作用。

国际评级机构和一些国际金融咨询公司往往采用 IMF 和世界银行的信息来发布其国家信用报告，对于一些信息不透明、不公开的发展中国家尤其如此。世界主要的国际评级机构和国际金融咨询公司在实践操作中往往尽量与 IMF 和世界银行在经济政策、评估倾向上保持一致。一些国际评级机构已经将一国的中央银行独立性纳入其评级指标，并将一国的中央银行独立性水平作为评估一国经济和政治风险的标准之一。例如，标准普尔公司将一国的中央银行独立性水平作为标准普尔经济风险指数（用于评估一国偿付债务的能力）的指标之一。标准普尔公司也往往在国家评估中做出中央银行独立性水平会影响一国的信誉度的解释（Mosley，2003）。2005 年标准普尔公司的年报曾对其如何使用中央银行独立性来评估国家的信誉做出说明，比如信用级别为"BB"级国家的标准之一就是"其中央银行在通常情况下能够追求持续稳定的货币政策与汇率政策"，而"B"级国家则是"中央银行有有限的独立性，一般正式或非正式地被作为政府政策协助的角色"（Standard & Poor's，2005）。在说明土耳其和巴西获得"BB"评级的原因时，标准普尔公司的解释是中央银行独立帮助这些国家获得信誉度："尽管巴西仍然缺乏正式的独立的中央银行，但是已经在货币政策独立的进程上取得很大的进步，并已经在逐步实施通胀目标制。土耳其已经建立起中央银行独立制度，其信誉度也随之提高了。……标准普尔公司认为随着（巴西）中央银行具备操作独立性而建立起正式的中央银行独立制度，其货币政策的可信度将进一步提高。"（Standard & Poor's 2005）标准普尔公司在其他报告中对印度、墨西哥、菲律宾等国家也有类似的说明。

国际评级机构和国际金融咨询公司在世界金融市场中具有重要的导向作用，他们对中央银行独立制度的倾向与评判标准大大影响了各个市场主体，包括跨国公司、各种形式的投资机构与投资者，进而影响到各发展中国家的中央银行独立性。

◆ 第四节 ◆

全球网络同质化压力、IMF 贷款对发展中国家中央银行独立性影响的实证分析

为了进一步阐述本章第二、三节的观点,下面对全球网络同质化压力与 IMF 贷款对发展中国家中央银行独立性的影响作实证分析。[①]

在波利罗和古林(Polillo and Guillen,2005)研究的基础上,笔者对面板数据采用 OLS 和固定效应模型进行回归分析,所有自变量均进行一阶滞后。另外将样本集中在发展中国家,包括 38 个发展中国家[②],时间范围扩大到 1989 到 2003 年。

一、变量说明

(一)因变量

因变量采用库克曼(Cukierman,1992)的法律独立性指标来衡量。采用这个指标主要基于以下考虑:

第一,不少学者都认为只要中央银行获得正式的法律授予的独立地位就可以降低经济中的通货膨胀预期。消费者、工人、投资者和企业等市场主体预期一个正式独立的中央银行必定要比从属于政府的中央银行更坚决地抵制通胀,这种预期在中央银行没有采取实际行动之前就已经形成。因此,正式公开地通过法律制定并建立中央银行独立制度,本身就具有实际的影响,通过法律的颁布实际上已经建立了"制度信誉"。在短期中,各个市场主体将相信中央银行会采取抑制通胀的实际行动(起码不会是相反),这样就可以降低通胀预期,而不一定必然要求有实际的行动或者这些行动一定有

---

① 本书将在波利罗和古林(Polillo and Guillen,2005)研究的基础上进行实证分析。

② 参见本章第一节样本。

效(Barro and Gordon，1983；Cuckierman，1994)。

第二,这里的主要目的是估计全球网络同化的压力对中央银行独立性的影响。而实际上这种"压力"的影响是微妙的,行为者可以在本身没有任何实际的可以观察到的行动的情况下而对他人产生影响。因此,从这个角度看,即使中央银行独立制度的建立只是一种形式,网络同质化的压力依然存在。

第三,库克曼的法律独立性指标依赖于一个国家遵守法律规则的制度的和政治的能力,就是保证中央银行遵守其货币政策承诺的能力,实际上也是一个国家是否能有效地将其制定的法律规则付诸实践的能力。而本章模型正是采用一国国内的政治条件作为控制变量,这些政治条件正是控制一个国家是否能有效地将其制定的法律规则付诸实践的能力的变量。

第四,尽管一些学者对库克曼的法律独立性指标的客观性有所怀疑(Forder，1999；Banaian et al.，1998；Mangano，1998)。但是艾菲格等(Eijffinger et al.,1996)通过潜在变量模型论证了库克曼法律独立性指标的有效性。库克曼法律独立性指标可以精确描述不同国家法律文件的各种不同内容,可以精确描述全球化带来的同质化压力的影响程度。①

另外,库克曼法律独立性指标非常明确和具有可操作性,以可见的各国法律条文和政策文件为依据,例如中央银行对降低通胀的承诺、关于中央银行与政府之间冲突的解决机制条款、中央银行行长的任期长短和条件等等。

(二)自变量

本书从贸易的角度来测度和描述全球网络同质化压力。首先,采用贸易开放度指标(trade openness),即一国的进出口贸易总额占其 GDP 的比重,来代表一个国家与全球网络贸易联系的程度,或者说是一国面临的全球网络的密集程度。其次,为表示网络的同质化压力,采用网络(贸易)压力的指标。这个指标主要用两国贸易联系的强度来估计制度模仿的倾向。不少学者认为贸易联系对世界网络结构有重要的影响(Van Rossem 1996,Chase Dunn 1998)。这个指标假设一个给定国家在全球网络中的联系(这里用贸

---

① 　学者们对于这个指标体系的批评主要还是在十几年前,而且主要是针对用这个指标体系来估计国内的经济和社会情况的影响中的误差问题。

易来代表),或者说这个国家与已经建立中央银行独立制度的国家的贸易联系强度(标准同质化的压力),将影响到其建立中央银行独立制度的倾向。这个指标具体如下:

$$Cohesion_{it} = \Sigma_j CBI_{jt-1} \times (Trade_{ijt-1} / Trade_{it-1})$$

$Cohesion_{it}$ 是指国家 i 在 t 时间的压力;CBI_{jt-1} 表示国家 j 在 $(t-1)$ 时间的中央银行独立性指标;$Trade_{ijt-1}$ 是指国家 i 和国家 j 两国在 $(t-1)$ 年的贸易总额(进口额加上出口额);$Trade_{it-1}$ 是指国家 i 和所有国家在 $(t-1)$ 年的贸易总额。显然,这个指标的数值将会在 0~1 之间,因为中央银行独立性的库克曼指标在 0 到 1 之间,而 $Trade_{ijt-1} / Trade_{it-1}$ 也必然在 0 到 1 之间。

(三)控制变量

在波利罗和古林(Polillo and Guillen,2005)的基础上,本书采用了一系列国内宏观经济和政治变量进行控制,以排除与全球网络压力无关的因素的影响。国内宏观经济控制变量主要包括人均 GDP(取自然对数)、通货膨胀率(取自然对数)、政府支出占 GDP 的比重,这些变量的数据均来源于世界银行(http://data.worldbank.org/)。另外,基于中央银行独立性与国内政治的关系,还采用了一些国内政治因素作为控制变量,主要包括:(1)政治变动率,即政府换任率,采用在一定时间内选举的次数来衡量。其数据来源于 Banks, Arthur S. Cross-National Time-Series Data Archive (www.databanks.sitehosting.net/,2001)。(2)在政治体制稳定性控制上,采用加权冲突指标(weighted conflict index)。这个指标主要计算各种突发事件,如政治刺杀、罢工、游行示威等等,其数据来源同(1)。(3)为了表示政府各个机构之间的权力制衡情况,采用 PolityII 指标(Polillo and Guillén,2005)。这个指标主要从 Polity IV 指标(Marshall and Jaggers,2002)中选取部分要素形成,数据来源于 CSP(The Center for Systemic Peace)(http://www.systemicpeace.org/polity/polity4.htm)。(4)政党分化指标,这个指标主要由雷(Rae,1968)提出,用 1 减去每一个政党在下议院所占席位比例的平方之和。数值高代表比较多的小党派占据了大量的下议院席位,其数据来源同(1)。

二、分析结果与讨论

表 4.4 中显示了回归分析的结果。在贸易开放度、贸易的网络同化压力和 IMF 贷款与发展中国家中央银行独立性关系上的假设均得到支持。贸易开放度和 IMF 贷款指标均在 5% 水平上统计显著，贸易的网络同化压力则在 1% 水平上统计显著。本书的分析设定了一阶滞后，来锁定因果关系的方向。我们认为，IMF 贷款会对中央银行独立性产生积极的、正向的影响，例如，阿尔巴尼亚和阿根廷等国家都是在 IMF 贷款经过一段时间的快速增长以后，再进行中央银行独立性改革的。应当注意到中央银行独立性与一些经济和政治变量的双向因果关系，比如 IMF 贷款与发展中国家中央银行独立性的因果关系，就可能是一种双向因果关系，即 IMF 贷款会对中央银行独立性产生积极的、正向的影响，反之亦是，二者互为因果，相互影响。在中央银行独立性与通货膨胀的关系上，有学者指出，二者正是一种双向因果关系（Two-Way Causality），二者互为因果、相互影响（H J Brumm，2011）。

表 4.4　全球网络同质化压力与 IMF 贷款
对发展中国家中央银行独立性的影响

自变量	预期	(1)	(2)	(3)	(4)
Trade Openness/GDP	+		0.068** (0.041)	0.075*** (0.035)	0.067** (0.041)
IMF Lending/GDP	+	0.635** (0.330)		0.733*** (0.296)	0.581** (0.341)
Cohesion	+	0.311*** (0.110)	0.306*** (0.125)		0.298*** (0.147)
GDP per capita(logged)		0.016 (0.066)	0.017 (0.075)	0.021 (0.068)	0.023 (0.078)
Inflation(logged)		−0.006* (0.0041)	−0.0063* (0.0043)	−0.0068* (0.0042)	−0.0066* (0.0044)
Government Consumption / GDP		0.0031 (0.186)	0.0036 (0.178)	0.0041 (0.187)	0.0043 (0.197)

续表

自变量　　　预期	(1)	(2)	(3)	(4)
Elections	0.0071* (0.0048)	0.0069* (0.0045)	0.0072* (0.0049)	0.0071* (0.005)
Weighted Conflict Index	0.0085 (0.0093)	0.0097 (0.01)	0.0091 (0.011)	0.0091 (0.011)
Polity II	−0.003* (0.0021)	−0.0028* (0.002)	−0.0031* (0.0022)	−0.0032* (0.0024)
Party Fractionalization	−0.006 (0.005)	−0.0053 (0.0043)	−0.0058 (0.0046)	−0.0056 (0.0047)
R²	0.51	0.523	0.533	0.545
样本数量	570	570	570	570

注:***,**,*分别表示在1%、5%、10%水平上统计显著。括号中数字为标准误。

控制变量方面,我们看到通货膨胀率、政治变动率、政府各个机构之间的权力制衡情况(采用 Polity II 指标)这三个因素与发展中国家中央银行独立性相关,但是均在 10% 水平统计显著,其他控制变量则不存在相关性。

第五章

影响发展中国家中央银行独立性的国内因素

　　本章研究发展中国家本国内部的经济、政治和社会等因素对中央银行独立性的影响。这些国内因素错综复杂,且难以量化,但却是影响和决定中央银行独立性程度的重要方面。

◆ 第一节 ◆

发展中国家"通胀偏好"对中央银行独立性的影响

一、"通胀偏好"与中央银行独立性的联系机制

　　这里"通胀偏好"是指一国政府和社会公众对通货膨胀的态度和容忍程度。一般来说,发展中国家的政府由于经济增长的需要而比发达国家更加偏好和能够容忍一定程度的通货膨胀,其社会公众对通货膨胀的容忍度也更高。

　　不同的社会具有不同的"通胀偏好",这将直接或者间接地决定货币政策目标的选择。对通货膨胀的偏好会影响到货币制度的构成和货币政策的使用。从各国政府和公众"通胀偏好"不同到特定的货币制度建立,比如中央银行独立制度,这中间存在着一定的因果联系。"通胀偏好"与中央银行独立的制度框架之间存在一个反馈和转化的联系机制。

　　历史反馈(historical feedback)的观点假设世界处于不断变化的过程中,无论公众偏好还是制度结构都不是固定不变的,二者之间相互作用、相互影响。历史反馈观点对中央银行独立制度建立的解释主要基于以下逻辑:人们在日常的经验中逐渐认识到通胀是有害的(比如人们不得不紧缩自己的消费等),公众希望在经济政策受到短期政治压力的环境下物价能够更为稳定。[①] 通胀的逐步降低、物价更为稳定这些在实践上的成功(在一些发

---

　　① 利益集团的观点认为,社会大多数利益群体希望建立一个独立的中央银行来实现更为稳定的物价。尽管中央银行独立制度可以有助于实现较低的通货膨胀,但没有公众的支持,这种制度也不可能长期持续。

达国家)使人们逐步开始相信中央银行独立制度可以带来物价的稳定,而且这种抑制通胀的货币政策并没有带来诸如经济增长速度放缓、失业率上升等明显的成本付出。这样的结果坚定了公众反通货膨胀的态度,这种态度的反馈使公众增强了对中央银行独立制度的支持,进一步反馈,公众对中央银行独立制度更强的支持使货币政策更加有效,通胀更加稳定。这样不断良性循环的过程最终形成一国反对通胀、偏好物价稳定的"通胀偏好"。[①]只要没有较为剧烈的外来冲击,社会将支持中央银行独立制度及其反通胀的政策,即使在一些情况下部分社会群体会受到一定的损失。

二、发展中国家"通胀偏好"的特点及其对中央银行独立性的影响

(一)通胀文化初级阶段的视角

较为固定的"通胀偏好"最终形成通胀文化(inflation culture)。通胀文化主要是指人们对于通货膨胀现象及其后果的价值观和态度。通胀文化主要是基于历史的环境,人们经历了共同的经济发展历程,尤其是共同的通货膨胀历史,加上共同的文化背景和意识,逐步形成了在一定时期内比较固定的对通货膨胀的价值观和态度。例如,德国在经历了20世纪上半期几次恶性通货膨胀后,公众对通货膨胀形成了极端厌恶的态度,进而形成了德国社会极度反对通货膨胀的通胀文化。

发展中国家相对于发达国家来说,经济起步比较晚,经济发展的历程一般也比较短,现代经济意识和经济文化在不少发展中国家还处于萌芽状态,其通胀文化还处在一个初级阶段。反对通胀和对物价稳定的偏好虽然存在,但还未形成整个社会公众一致的、强大的力量。另外,发展中国家本身的制度结构矛盾、制度协调和制度基础环境的问题,给中央银行独立制度带来了较高的成本,使得至少在短期内,公众不能够持续地支持中央银行独立制度。这可能是发展中国家在建立了中央银行独立制度后,其中央银行独立性的程度总体来说比发达国家低的一个原因。

---

① 　这种思路主要来源于制度经济学的一些研究,见 Buchanan(1977)和 Lipset(1988)。

（二）发展经济学的视角

相对于发达国家的经济制度和经济水平已经处于成熟阶段来说,许多发展中国家还处于经济起飞、制度不断改进的阶段,从发展经济学经济起飞理论的观点看,一国在经济开始快速发展阶段,政府要借入大量的债务或形成较大的赤字,以用于修建公路,铁路,架设桥梁等基础设施开支和发展能源、水利等方面的开支,为一国经济腾飞奠定基础。在这个阶段,往往经历着一个通胀相对较高的经济发展过程,而且是一个比较长期的过程。在这个过程中,人们长期处于一种较高的通货膨胀状态下(工资、名义利率等也随之上涨),逐渐形成了一种对通货膨胀的"麻木",或者说一种对较高的通货膨胀的承受能力,而且与前面所述的通胀文化形成的机制类似,成为一种公众的、普遍的"通胀偏好"。尽管这种通胀文化可能还不成熟,但是公众对通货膨胀的容忍度显然比发达国家要高。这种情况下,抑制通胀的公众呼声就相对较弱,对中央银行独立制度的支持程度也比较低,这可能是导致发展中国家中央银行独立性水平较低的一个原因。

（三）收入差距的视角

收入差距与一国公众对通胀的态度相关,收入差距越大,对通货膨胀的厌恶就越小,反之亦然。[①]著名的库兹涅茨假说(Kuznets Hypothesis)认为,随着经济发展而来的"创造"与"破坏"改变着社会和经济结构,并影响着收入差距的状况。库兹涅茨利用各国的资料进行比较研究,得出结论:在经济未充分发展的阶段,收入分配将随同经济发展而趋于不平等。其后,经历收

---

① 范勒韦德(Van Lelyveld,1999a)发现,收入差距与一国公众对通胀的态度相关,收入差距越大,对通货膨胀的厌恶就越小,反之亦然。他着重考察了某个时点上各国之间的交叉领域,以1976年以后欧盟国家的数据为基础,来检验这样两个前提假设:首先,在更高的收入水平下社会对通胀的厌恶是否要高于对失业的厌恶。其次,左翼的政治意见越多,对通货膨胀的担忧是不是就越少。在他的结论中,他发现几乎没有证据表明收入对通货膨胀影响的显著性,但有很多数据表明收入差距越大,对通货膨胀的厌恶就越小。以1997年以后的数据进行的新的研究也表明,尽管个别模型表现出不稳定的特征,但是从总体来说仍然支持原有的结论。

入分配暂时无大变化的时期,到达经济充分发展的阶段,收入分配将趋于平等。[①] 在当今世界上,确实存在着发展中国家的基尼系数普遍要高于发达国家的事实。发展中国家的收入差距大于发达国家,对通货膨胀的厌恶就相对较小,这样的"通胀偏好"进一步影响到中央银行独立性,可能使得发展中国家中央银行独立性水平相对发达国家较低。

◆ 第二节 ◆

发展中国家利益集团对中央银行独立性的影响

中央银行独立制度是一种经济制度,而该项经济制度的建立和实施却显然出自政治的需要,必然反映了利益集团之间的博弈,进而对中央银行的独立性产生重要的影响。

一、金融部门反通胀力量对中央银行独立性的影响

(一)金融部门反通胀力量

金融部门是一个反对通胀的强有力的利益集团[②],一国的中央银行独立

---

① 库兹涅茨在对英、美、德等国的历史统计资料研究中认为,发达国家的收入分配不平等经历了一个先恶化后改善的过程,另外他还对发展中国家与发达国家战后收入分配状况进行了横向比较,发现发展中国家收入分配比发达国家更不平等。围绕着库兹涅茨假说有许多的争论,自从库兹涅茨 50 年代提出这个倒 U 形假说以来西方经济学家对这个假说进行了广泛的验证。20 世纪六七十年代的研究大多支持了库兹涅茨假说,但是到 80 年代以后一些学者根据亚洲四小龙的发展经验对库兹涅茨假说逐渐持否定的观点。

② 值得注意的是,在某些情况下,金融机构可能支持而不是反对通货膨胀。例如,对那些在资产负债表上有巨额损失的银行来说,通货膨胀的清偿作用是大受欢迎的。特别是在发生支付危机时,作为净债务者,银行甚至会主动出击去争取通货膨胀的发生。而且,当通货膨胀率居高不下时,银行还会忽视传统的贷款业务而将经营重心放在汇率投机和不动产投机上。如果银行与政府官员关系密切且能获得私人信息对政策进行准确预期时,银行业务的这种转移将更加剧烈。显然,无论哪一种情况发生,银行对通货膨胀的抵制活动都会大大减少。

性水平会受到金融部门反通胀力量的强弱的影响。对金融领域的利益集团
而言,推行独立的中央银行会使得向中央银行求助变得更简单,而不必再通
过各种政治的渠道。另外,中央银行和商业银行之间的人员流动,有助于表
达金融领域内的利益诉求。同时,金融领域支持中央银行独立性是因为这
可以使其更易于影响货币政策的制定。在这些相关利益驱动下,金融领域
和中央银行会联合起来,相互支持对方的要求,最终使得通货膨胀率保持在
非常低的水平上。在这个框架下,中央银行为满足特定利益群体的需要,具
体说来就是私人金融领域的需要,才会去追求低通胀。金融领域的游说能
力越强,货币当局给予价格稳定的重视程度就越高。[①]

　　另外,金融市场广阔、金融中介机构数量庞大的国家更倾向于较高的中
央银行独立性。发达国家的金融市场发展充分,同时具有较高的中央银行
独立性水平,而大部分发展中国家金融市场狭窄,发展程度较低,其中央银
行独立性水平也较低。[②] 金融市场的发展程度与中央银行独立性之间是一
种双向因果关系,即金融市场充分发展要求较高的中央银行独立性水平,而
较高的中央银行独立性水平也会进一步促进金融市场的充分发展
(Eijffinger,1997)。其主要原因是,对于储蓄与投资二者之间的金融中介过

　　[①] 坡森建立了一个测度金融部门反通胀效果的指标(FOI, Financial Opposition to
Inflation),关于 FOI 指标,坡森(Adam Posen,1993)提出并检验了 4 个相关的命题:(1)在具
有全能银行体系的国家中,金融部门反通胀效果更强。(2)中央银行对金融部门的规制和监
管力度较弱的国家,金融部门反通胀效果更强。(3)实行联邦制度的国家,金融部门反通胀效
果更强。(4)政党分散化程度较小的国家,金融部门反通胀效果更强。坡森(Adam Posen,
1995)进一步进行了实证研究,他采用 1950～1989 年间 21 个国家的数据,采用库克曼 LVAU
指标来测度中央银行独立性,对金融部门反通胀效果与中央银行独立性以及通胀的相关性进
行了回归分析,回归结果支持了坡森(Adam Posen,1995)的观点。但是刘福寿(2004)认为,
坡森(Adam Posen,1995)的方法中仍存在着不少问题。首先,低通胀率并不总是代表金融领
域的利益要求。例如,通货膨胀导致的名义利率的提高就有利于商业银行。其次,实证数据
表明金融领域并不一定厌恶通货膨胀。尽管坡森(Adam Posen,1995)对此提出了支持的数
据,但其它的研究则没有发现什么支持的证据(De Haan and Van Hag,1995;Campillo and
Miron 1997,Temple 1998)。不过这些并不能从根本上动摇坡森(Adam Posen,1993)的理论,
因为金融领域对通货膨胀的厌恶源自于好几个有力的假设条件,同理论上的定义还有所不
同。此外,迈尔(Maier,2000)所做的研究表明德国中央银行的货币政策受到来自金融领域
的压力影响,这也对坡森的理论构成了支持。

　　[②] 库克曼(Cukierman,1992)采用了 Cukierman LVAU 和 TOR 两种指标 20 世纪 80 年
代的发达国家和发展中国家的数据进行了实证分析,其结果支持了这个观点。

程来说,低水平的中央银行独立性和高通胀波动是一种重要的不确定性风险,而金融市场的规模越大,金融中介的数量越多,这种风险就越大。

（二）发展中国家的金融部门反通胀力量对中央银行独立性的影响

与发达国家相比较,发展中国家的金融部门的特点就决定了其抵制通胀的力量相对薄弱,有可能导致较低水平的中央银行独立性。

首先,发展中国家的政府和中央银行对金融市场的干预和管制较多,削弱了金融部门的反通胀力量。具体说来:(1)发展中国家银行产权的公有化程度较高,这必然导致政府对本国金融体系的较强干预,阻碍其金融部门的发展及其对通货膨胀的有效抵制,并降低中央银行的独立性水平。(2)发展中国家中央银行对利率以及各商业银行的业务活动管制较多,过多的管制会使金融部门对中央银行采取对抗态度,并将其政治能量集中在抵制或规避各种管制上。(3)发展中国家的中央银行常常会直接干预信贷配给过程。这种直接性使商业银行为获得更大的信贷配给额度而各自为战,难以团结起来共同抵制通胀。

其次,在发展中国家,私人银行常常是金融集团或大型企业的一个组成部分,而后者的主导者又往往是一些工业企业。在金融管制严格且证券市场不发达的条件下,这些关系银行往往只能简单地发挥在企业间转移资金和获得廉价资源的作用,这使得发展中国家的银行在企业集团中往往成为工业企业的附庸,因而它们对通货膨胀的抵制能力也就被进一步削弱。

最后,发展中国家的金融部门规模较小,银行在反对通货膨胀过程中的能力有限。

二、利益集团的结构对中央银行独立性的影响

通货膨胀会对再分配产生作用,与之相关的中央银行独立制度的建立与中央银行独立程度的变化都不可避免地会对一国各种利益集团产生不同的影响。这些利益集团通过对政治施加影响进而希望使中央银行的制度安排符合自身的偏好。而各个利益集团的偏好又各不相同,中央银行的独立性程度是各个利益集团博弈的均衡结果。

一国政府中利益集团代表的组成结构对中央银行独立性程度有重要影响，或者说，一国执政政府中拥有否决权的利益集团代表的数量对中央银行独立性有重要影响。如果一国政府中利益集团代表只有一个，那么相对于多个政党组成的联合执政政府来说，提高中央银行独立性的改革更容易成功。而如果是两个党组成的联合执政政府，且对中央银行独立性偏好不一致，比如左翼政党可能偏好低水平的中央银行独立性，实行扩张的货币政策降低失业率，而保守政党可能偏好高度的中央银行独立。这种情况下，双方就都倾向于使用否决权阻止对方对现状的改变。

进口替代工业化战略、政府主导经济以及投资市场的单一导致发展中国家偏好宽松货币政策的利益集团较为强大。发展中国家政府对高速经济增长和低水平利率的偏好会导致发展中国家的中央银行扮演开发银行的角色，从而大大增加了中央银行被偏好宽松货币政策的利益集团所利用的可能性。这些利益集团在一定程度上抵消了金融部门对低通胀政策的政治努力，使发展中国家倾向于较低程度的中央银行独立性。

发展中国家的政府决策机构集权程度较高，政党分歧较大，政治相对不稳定。在这种政治环境下，任何院外利益集团，包括银行利益集团都难以对政府产生长期影响，因为政治分歧和频繁的政府更迭会减少银行为争取出台低通胀政策而四处游说的"投资"激励。"投资"收益的短期化会降低银行抵制通货膨胀的努力。政治不稳定降低了金融部门对通货膨胀的抵制，从而阻碍着中央银行独立性程度的提高。

◆ 第三节 ◆

金融监管制度安排对发展中国家中央银行独立性的影响

20 世纪 80 年代以前，大多数国家的中央银行是金融业或银行业的监管者。自 80 年代后期以来，部分发达国家出现了金融监管职能与中央银行分离的新现象，这种制度安排逐渐也被一些发展中国家所采纳。金融监管制度安排也是中央银行独立性的重要影响因素之一。

一、金融监管制度安排对中央银行独立性的影响

大多数学者认为，中央银行行使金融监管职能会削弱其独立性。主要原因在于：

首先，中央银行同时承担货币政策与金融监管两项重大职能会导致目标冲突。货币政策的主要目标是保持币值的稳定，银行监管的主要目标是在审慎监管的原则下，尽量避免由于个别金融机构出现的流动性困难而引发传染效应，从而给整个金融体系带来系统性风险。当个别金融机构出现流动性困难时，中央银行往往会作为最后贷款人而向银行体系提供流动性支持，这极易威胁货币的稳定。二者在具体实施过程中会存在冲突。如果中央银行认为提高利率会伤害到银行，那么它提升利率的动机将会被削弱。在高通货膨胀或经济过热时期这种利益冲突最为明显，虽然此时提升利率有利于遏制通货膨胀，但由于大部分银行资本不足、结构脆弱，因此中央银行不得不采取权宜之计，延迟推行紧缩的货币政策。也就是说，中央银行实际上是将保护银行作为其主要的目标，而将更广泛的公众利益放在次要的位置，这样就使中央银行的实际独立性削弱了。

其次，中央银行责任范围越大，就越容易受各种政治力量的干扰。同时，行使货币政策职能和金融监管职能使中央银行责任范围加大，会导致更多的不同的利益集团和群体对中央银行施加各种干扰和压力，从而有可能

破坏货币政策的独立性和银行监管的效率。

最后,作为银行出现问题时的最后贷款人,中央银行有责任阻止系统风险的发生。实践中的最后贷款人职能包括了中央银行通过公开市场操作对整个金融体系提供流动性和通过对个别金融机构贷款提供流动性。而当中央银行出于救助目的为银行系统注入流动性资金时,可能与货币政策的目标正相违背,从而威胁到货币的稳定,中央银行执行货币政策的独立性也因此受到了削弱。中央银行负责银行监管决定了它对金融体系的稳定负有不可推卸的责任。为了在可能的金融危机中不成为被指责的对象,中央银行往往存在过度借贷的倾向。

但是也有一些学者存在着不同的看法:

首先,中央银行同时负责货币政策与银行监管,有利于信息的交流和政策的协调,使二者相互促进并达到更好的效果。中央银行只有在对商业银行负有监管责任的时候,才能最及时地获得大量有关经济运行和银行体系方面的信息。通过更好地了解金融服务部门的情况和货币政策在金融部门的传导过程,能够大大提高中央银行货币决策的能力,从而增加中央银行的声望和信誉,从而有利于保证中央银行的独立性。[①]

其次,拥有监管职能的中央银行更有动力去研究那些在紧缩环境下有经营问题的银行,并采取适宜的措施。在拥有监管职能的中央银行管理下的商业银行更能够适应货币政策的变化,这既有利于银行业的稳定和货币政策的实施,还有利于保证中央银行的独立性。这一点对于那些银行体系还不成熟的发展中国家更为重要(刘丽巍,2007)。

最后,金融监管机构的独立性是有效监管的重要前提,将监管职能赋予中央银行更有利于强化金融监管的独立性,对于发展中国家这样的制度安排显得更为必要,可以避免金融监管职能的政治化(politicalization of bank supervision)。

在金融监管制度安排对中央银行独立性影响的实证研究方面,学术界

---

① 皮克、罗森格林和图特(Peek,Rosengren and Tootell,1999)通过对美联储 CAMEL监管数据与货币政策的时间序列分析证明,监管信息确实提高了联储预测的准确性,使其决策更为有效。

也仍然没有比较一致的结论。[①]

二、发展中国家金融监管制度安排对中央银行独立性的影响

金融监管职能从中央银行的分离趋势,是在中央银行独立性不断提高、中央银行独立制度全球扩散的背景下出现和发展的,应该进一步有针对性地区分各国的经济发展水平、金融市场发展状况与特点来进行研究,金融监管制度安排对中央银行独立性的影响如何将依赖于一国的具体情况,尤其是依赖于一国的银行体系结构和货币政策的管理方式。[②] 此外,发达国家和发展中国家在货币政策作用的特点上存在着相当大的差别,因此金融监管制度安排对中央银行独立性的影响也有所不同。

发达国家的市场化程度相对较高,货币政策的实施主要通过间接性政策工具来实现。间接性政策工具的特点是完全依靠市场机制发挥作用,只要中央银行独立操纵货币政策的法律地位得以确立,并不需要借助行政权力付诸实施。这种情况下,考虑政治上的权力均衡以及金融监管体制的需要,将银行监管职能从中央银行分离出来,有助于提高中央银行的独立性。

发展中国家由于市场化程度相度较低,货币政策还需要借助大量的直接性政策工具,如利率高限、消费者信用控制、信用配额管理、流动性比率控

---

① 海勒(Heller,1991)、古德哈特和斯科美克(Goodhart and Schoenmaker,1995)、波导特(Bdault,1997)等学者以通货膨胀率作为衡量中央银行独立性高低的标准,比较了三种金融监管制度安排下国家的通货膨胀率,即中央银行具有完全的金融监管职能、部分的金融监管职能和完全无监管职能三种情况,发现通货膨胀率在中央银行具有完全金融监管职能的情况下最高,完全无监管职能的情况下最低。据此,他们认为中央银行同时承担金融监管职能对中央银行独立性有消极的影响。诺亚和迪(Noia and Di Ciorgio,1999)以 24 个国家 1960——1996 年有关数据为样本进行的研究也得出的相似的结论:中央银行同时负责银行业监管的国家,要比中央银行不负责银行业监管的国家具有更高的平均通货膨胀,高出的幅度为50％以上。但是,汉和温特哈格(De Haan and Van't Hag,1995)采用了三种指标来测度中央银行独立性,采用坡森(Adam Posen,1993)提出的金融监管指标来表示金融监管制度安排,研究发现只有一种中央银行独立性指标与金融监管指标呈显著负相关关系,而其他两种指标均没有显著的相关关系。

② 例如温吉霍德和胡戈顿(De Beaufort Wijnholds and Hoogduin ,1994)的研究认为在中央银行具有汇率目标的开放的小国,其目标冲突的可能性相对于中央银行执行货币目标的大国要低。

制和直接干预(信贷业务、放款范围等)。直接性货币政策工具与银行监管措施经常难以区分,在实施过程中往往需要行政权力的保障,因此剥离银行监管职能对货币政策效果将产生不利影响,有可能导致政府进一步加重对中央银行独立性的干预,从而削弱中央银行实际的独立性。

但是,在发展中国家的具体实践上也有不同的情况:有的国家金融监管职能分离伴随着中央银行独立性的提高。这主要是因为这些国家金融监管职能分离前的中央银行独立性较弱,出于政治均衡的考虑,分离金融监管职能实际上是为提高中央银行独立性的改革做准备,以便使改革更易于被社会各利益集团所接受。例如,韩国银行(BOK)在让渡了所有与银行监管有关的职责后,法律加强了其作为负责货币政策部门的独立地位。

另外凡是那些在中央银行以外成立综合监管机构的国家,一般要通过立法解决监管机构的独立性,以及通过向监管对象收费解决资金来源问题。但是,与发达国家相比,发展中国家做到这点的难度更大。相比之下,由于传统和专业的原因,中央银行比其他政府部门享有较多的独立性。并且由于货币创造功能,中央银行的资金来源总能得到最起码的保证。倘若金融监管从中央银行分离出去,则可能导致监管地位的下降,进而损害中央银行独立性。

总的来看,在实践上,中央银行与金融监管职能分离的国家近年来逐步增加,但是中央银行参与银行监管的国家仍在世界上占了大多数,而且发展中国家中央银行参与银行监管的比例要大大高于发达国家。如表5.1所示,在159个国家和地区中,中央银行参与银行监管的国家共117个,占总数的74%;在OECD国家中,中央银行参与银行监管的共9个,占总数的31%;在非OECD国家中,中央银行参与银行监管的共100个,占总数的77%。

表 5.1　OECD 和非 OECD 国家金融监管机构的设置（截至 2006 年 9 月）

	OECD 国家	非 OECD 国家	总计
中央银行监管银行业、证券业和保险业	1	21	22
中央银行监管银行业和证券业	2	5	7
中央银行监管银行业和保险业	0	14	14
中央银行只监管银行业（可能包括商业银行、储蓄银行和各类型信贷机构）	6	60	66
中央银行以外的单独机构监管银行业、证券业和保险业	12	15	27
其他监管模式	8	15	23
总计	29	130	159

资料来源：转引自刘丽巍：《当代中央银行体制》，人民出版社 2007 年版，第 223 页，并根据 OECD(2007)、BIS(2008) 更新了 2001 年以后的数据。

◆ 第四节 ◆

自然失业率、政府债务和政治不稳定对发展中国家中央银行独立性的影响

政府授予中央银行独立性的过程实际上是对货币政策的可信度与灵活度的一个权衡，若对政府作一个经济人假设的话，授予中央银行独立性必然有其成本与收益的比较。从这个视角出发，自然失业率、政府债务和政治不稳定是决定政府成本与收益的关键因素，对发展中国家的中央银行独立性产生重要的影响。

一、政府授予中央银行独立性的成本与收益

以理性预期学派的观点和时间不一致理论为基础,对执政政府作一个经济人假设。执政政府(或政党)在授予中央银行独立性权力的过程中有其成本和收益,政府正是通过衡量这些成本和收益,最终做出授予中央银行某种程度的独立性的选择。

执政政府可以通过法律将货币政策的部分或者全部(相对的)权力授予独立的中央银行,将价格稳定作为首要的目标并且对此做出承诺。执政政府在这个过程中首先就要比较其成本和收益的情况。收益主要包括:(1)更加独立的中央银行制度降低了通胀预期,从而抑制了通胀,通胀的降低进而抑制了工资水平上涨,最终可能刺激经济增长。(2)通胀预期的降低导致利率降低,减少了政府新发行债务所需支付的利息费用。成本则主要是执政政府货币政策方面丧失了一定的灵活度,这种灵活度主要表现为政府可以在一定时期采取货币扩张政策来刺激经济,以及通过通胀来使得国家债务缩水,减轻债务负担。

这样一个成本和收益的比较实际上是未来抑制通胀政策的可信度与货币政策灵活度之间的一个权衡。这个权衡实际上决定了一开始政府所授予中央银行权力的范围大小,也就决定了中央银行独立性的水平。

二、自然失业率、政府债务和政治不稳定对发展中国家中央银行独立性的影响

库克曼(Cukierman,1994)和艾菲格和斯科林(Eijffinger and Schaling,1995)以时间不一致模型为基础,从政府执政党的角度出发,对执政政府授予中央银行独立性程度的影响因素建立了一个动态的中央银行独立的内生授权模型。本书结合二者的方法,对不适用于发展中国家的变量进行了修改,进一步对发展中国家中央银行独立性程度的影响因素进行结构性分析,具体参见附录5。

（一）自然失业率对发展中国家中央银行独立性的影响

政府可以通过制造预期之外的通胀来促进就业，但促进就业的效果会受到自然失业率水平的重要影响。

自然失业率水平总是比实际失业率要低，[①]同时自然失业率存在波动，不同时期的自然失业率也存在差异，它与实际失业率的差距也往往不同，也就导致预期外通胀对就业的实际影响效果存在差距。自然失业率水平越高，它与实际失业率的差距越小，预期外通胀促进就业的效果就越差，反之亦是。对于政府来说，制造预期外通胀的价值也会由于自然失业率的差异而不同。在自然失业率较高的时期，预期外通胀的价值比自然失业率较低的时期要小，政府制造预期外通胀的动机就较弱，从而使中央银行倾向于获得较强的独立性。[②]

简言之，自然失业率越高，中央银行倾向于获得较强的独立性。

根据附录5，由于 x 是表示预期外通胀刺激就业和经济的效应对政府的价值，而自然失业率越高，这种价值就越小，因此，x 可以作为自然失业率的一个指标。(3)式表明，x 越大，刺激就业产生的平均通胀偏差就越大，因而中央银行独立的收益就越大。(1)式表明，x 越大，c（代表执政党背弃其价格稳定的承诺，干预中央银行独立所付出的政治成本）就越大。(13)式也表明，Ex 越大，c 也越大。总之，当自然失业率越高时，中央银行独立的收益就越大，而削弱中央银行独立性的成本也越大。发展中国家由于工会力量相对较弱、最低工资法不完善等原因，自然失业率较高，但是发展中国家市场体制不完善，实际失业率较高，自然失业率与实际失业率的差距反而更大，政府制造预期外通胀的动机更强，从而导致较低的中央银行独立性水平。

---

①　自然失业率是在没有预期外货币冲击的情况下经济中的失业率。由于存在工会和最低工资法，实际工资高于市场出清工资，因而自然失业率水平总是比实际失业率要低（Cukierman，1992）。

②　在实践上，艾菲格和斯科林（Eijffinger and Schalling，1995）认为自然失业率影响中央银行独立性的逻辑是，较高的自然失业率导致较高的时间不一致带来的通胀偏差，使社会的可信度问题更加严重，在这种情况下，政府继续维持原有的价格稳定与就业稳定的目标权重已经达不到均衡状态，政府原来对抑制通胀的承诺强度已经不足，必须赋予价格稳定目标更高的权重。

（二）政府债务对发展中国家中央银行独立性的影响

政府往往希望发行一定额度的债券来为财政赤字融资。由于短期政府债券(treasury bills)一般都采用贴现债券(discount bond,又称折扣债券)的方式发行,贴现债券是指在票面上不规定利率,发行时按某一折扣率,以低于票面金额的价格发行,到期时仍按面额偿还本金的债券,即以低于面值发行,发行价与票面金额之差额相当于预先支付的利息,债券期满时按面值偿付的债券。因此,政府债券的利息费用要先行支付,所以政府实际获得的资金与发行债券的额度相比有一个折扣。[①]

在其他条件相同的情况下,作为政府来说,当然希望发行债券融资的成本越低越好,这些成本大小与公众对未来预期的通货膨胀率有关。如果公众相信未来的通货膨胀率较高,那么名义利率也会随之增高,财政融资的成本和费用就比较高;反之,如果公众相信未来的通货膨胀率较低,名义利率也比较低,政府债券融资的利息费用就比较低,折扣就小,成本就相对较低。因此,在其他条件相同的情况下,政府希望有一个较低的通胀预期,以降低国家债务的融资成本和费用。

从时间不一致模型出发,一旦政府的债券已经发行完成,政府就开始受到货币扩张、推高通货膨胀的诱惑。这种诱惑来自于两个方面:一方面是一旦政府债券按照固定的名义利率发行到公众手中,政府就可以通过推高通货膨胀的方式使公众手中的政府债务缩水,减轻财政的负担;另一方面是在名义利率一定的情况下可以通过制造预期外的通货膨胀来促进就业,缩小实际就业率与期望就业率之间的差距,以获得更多公众的支持。从理性预期的观点看,公众能够预期到政府的行为,因而公众在名义工资确定以及对政府债券的名利利率要求上将增加一个补偿值,这将使政府债券融资的成本和费用增加。对此,政府可以通过将货币政策部分或者全部权力授予独立的中央银行,做出将通货膨胀控制在较低水平甚至零通胀的承诺,以降低公众的通胀预期,进一步降低其政府债券的融资成本和费用。

中央银行独立性程度越高,对价格稳定的承诺力度越强,公众的通货膨胀预期就越低,政府债券的折扣就越小。但是,较强的中央银行独立性也必

---

① 贴现债券的发行价格与其面值的差额即为债券的利息。计算公式是:利率=[(面值－发行价)/(发行价×期限)]×100%

然给政府带来成本,这些成本包括削弱了政府利用通货膨胀使政府债务缩水的能力。因此,政府希望向公众发行的政府债券数量将影响到中央银行的独立性水平。

政府债券数量较大时,对中央银行独立性的影响存在着两种相反的效应:一方面,当政府需要向公众新发行较多数量的债券时,倾向于较强的中央银行独立性,这样可以降低通胀预期。名义利率较低,新发行债券的折扣就较低,政府便可以减少先期支付的费用。但是到后来的阶段,政府可以通过预期外通胀使发行的债券缩水,较多的债券数量可以为政府带来更大的收益,这时政府又偏好较弱的中央银行独立性。因此,政府债务对中央银行独立性的影响是双向的,需要看哪一方面的效应占据主导。①

发展中国家政府发行债务相对缺乏法律约束,政府可以采取各种其他方式降低债券折扣,而且一些国家的政府债务并不采用贴现债券的发行方式;市场的不完善也使得发展中国家公众的通胀预期与名义利率的联系相对较弱,这些都使得发展中国家的政府债务对中央银行独立性的影响往往是消极的,即政府债务数量越多,越倾向于较弱的中央银行独立性。

（三）政治不稳定对发展中国家中央银行独立性的影响

从动态角度分析,由于不同的党派对政府支出的结构偏好不同,当执政政府不可能在下一阶段继续执政时,它将会赋予中央银行更高的独立性,以限制下一任政府根据自身偏好选择政府公共物品支出的结构,即执政党再次当选的可能性②较小时,它会偏好较强的中央银行独立性,以限制后来的执政者改变既有政策的范围与能力,即政治不稳定性越强,中央银行可能获得的独立性就越强。③

但是,发达国家和发展中国家政治不稳定对中央银行独立性的影响是完全不同的。对于发达国家来说,民主制度已经相当健全和成熟,国家意识水平较高,选民的认知程度很高,执政党连任的可能性依赖短期政策难以增强,因此,如附录 5 模型所分析的,政治不稳定会带来较强的中央银行独

---

① 附录 5 中(13)式中说明,s 对 c 的影响是不确定的。
② 即附录 5 中(13)式中的 ∂。
③ 附录 5 的(13)式中说明,∂ 越小,c 就越大。

立性。

　　但是发展中国家情况则完全不同,由于民主制度不成熟,国家意识水平低,其政权更替模式与发达国家完全不同(政党体系在政权更替中不起主要的作用),政权更替过程也往往不受制度约束,选民认知程度相对较低,执政党连任的可能性依赖各种因素而发生变化。政治不稳定会产生相反的效果。[①] 马克斯菲尔德(Maxfield,1997)提出了政治家"任期安全"(tenure security)的概念,其逻辑主要是从当政政治家的角度来看待政治不稳定,任期安全是指当政政治家继续维持和保有其执政权力的可能性。在发展中国家,当政治家感到自身执政权力不稳定时,即其任期安全受到威胁的时候,政治家首先希望维持政府政策的灵活度,因为这种灵活度可以增强其获得更多支持的潜在能力,增加连任的可能性。较弱的中央银行独立性给予政府更多的政策灵活度,因此,发展中国家的政治不稳定会使政府倾向较弱的中央银行独立性。

　　实证研究表明,发展中国家每一届政府的执政时间越短,即政府更替越频繁,中央银行独立性就越弱,尤其是这种更替代表一种政治体制的变换时(在独裁专制制度和民主制之间变化),影响就更加明显。这个观点与发展中国家的政治不稳定对经济表现有消极影响,尤其是容易产生高通胀的客观事实是一致的。在发展中国家,频繁的政府更替会使中央银行独立性降低的风险增大,在政府更替(包括政府领导人变动和执政党派变动)中央银行的权力被收回的可能性是发达国家的 2 倍(Cukierman and Webb;1995,1996)。

　　总之,在发展中国家政治不稳定时期,当政治家的任期安全受到威胁时,中央银行独立性反而会被削弱以增强政府政策的灵活度。

---

　　① 库克曼和韦伯(Cukierman and Webb,1995)建立了政治脆弱性指标(political vulnerability),这个指标反映了导致中央银行行长更换的政治变动的时间频率。他们采用政治脆弱性指标作为因变量、四种政治不稳定性指标作为自变量,对 1950—1989 年一个包括发达国家和发展中国家的混合样本进行了回归分析。其分析结果表明,发展中国家高度的体制上的政治不稳定与较弱的中央银行独立性相关。

◆ 第五节 ◆

其他影响发展中国家中央银行独立性的因素

一、生产率波动对发展中国家中央银行独立性的影响

生产率波动程度越大,最优的中央银行独立性[①]越低。其他条件不变,当生产率波动较大时,经济也变得更加不稳定,因此,对稳定政策的需要就变得更强了。在这种情况下,政府继续维持原有的价格稳定与就业稳定的目标权重已经达不到均衡状态,政府原来对抑制通胀的承诺强度已经不足,必须赋予价格稳定目标更高的权重。艾菲格和斯科林对 1960－1993 年 19 个国家的数据进行了回归分析,采用每年的产出增长代表生产率波动,用潜在变量原理区分中央银行的法律独立性和最优独立性,他们的分析结果显示,生产率波动与最优中央银行独立性存在负相关关系。

二、政治的权力制衡结构对发展中国家中央银行独立性的影响

莫斯(Moser,1994)构建了一个中央银行与两个政治决策机构互动的分析模型,发现只有当立法程序中至少存在两个否决权者,而且二者在货币政策的某些方面意见不一致时,可能授予中央银行的独立性才较强。莫斯对此进行了实证研究,他控制了潜在的外部影响,建立了一个政治体系指数(political system index)代表政治的权力制衡结构,采用 GMT 指标与 LAVU 指标的平均值测度中央银行独立性,其分析显示,政治的权力制衡较强的国家中央银行独立性也较强。

[①]　最优中央银行独立性是指政府在进行各种成本和收益衡量比较后选择的均衡状态下的中央银行独立性水平(Eijffinger and Schaling,1995)。

三、经济发展水平与经济规模对发展中国家中央银行独立性的影响

从时间不一致理论的角度来看,经济发展水平较高对中央银行独立性将带来两种相反的影响:一方面,较高的经济发展水平往往意味着经济中市场失灵的情况较少,财政制度和其他各项经济制度都比较有效率,因此,在相同条件下,制造预期外通胀的动机相对较弱,中央银行独立性就相对较强;另一方面,在经济发展水平较高的国家,各个市场主体更有条件进行避免通货膨胀损失的套期保值交易,因此社会对通货膨胀的厌恶相对较弱,中央银行独立性也相对较弱。经济规模对贸易效应有重要影响,经济规模较大时,实施扩张的货币政策推进预期外通胀之后,所产生的实际汇率贬值更大,那么相对来说通胀偏差就更小。相对较小的通胀偏差减弱了强货币承诺的动机,因而导致了较弱的中央银行独立性。

四、授权的可观察性(observability)对发展中国家中央银行独立性的影响

政府授予中央银行独立性的方式也会影响到中央银行的实际独立性。授权的方式越公开、越正式(例如颁布法律效力较高的中央银行法来确立其独立性范围),政府违背既定的法规去干预中央银行的可能性就越小,因此中央银行实际的独立性就越强。

一个行为者通过承诺来约束自身行为的时候,行为者遵守承诺的可能性与这种承诺行为被其他行为者观察到的程度就有重要的联系。把这种观点应用到货币政策方面,授权给中央银行的行为被私人部门观察到的范围与中央银行独立性的水平就有一个正相关的关系。这种关系包括直接效应和间接效应两个方面:直接效应方面,政府授权给中央银行进行价格稳定承诺的行为被私人部门观察到的范围越大、程度越高,这种承诺的收益就越大,政府承诺的动机就越强,因而中央银行独立性也越强;间接效应上,价格稳定承诺的行为、中央银行的稳定目标被私人部门观察到的范围越大、程度越高,违背承诺的损失就越大,政治成本就越高,因而中央银行独立性就越强。

五、领导能力与专业技术水平对发展中国家中央银行独立性的影响

中央银行行长的个人领导能力、才能和人格特点等也会影响到发展中国家的中央银行独立性。如本书案例研究中提到的早期的泰国中央银行行长 Puey Ungphakorn，他的正直、诚实、坚强的个人品格，出色的才能和个人领导能力在泰国中央银行独立性的提高中扮演了重要的角色。另外，20 世纪金融的发展已经使中央银行的业务成为一门相当专业、门槛较高的技术，不具备一定的专业知识和技术水平已经难以介入中央银行各种政策的制定和职能的履行。一个国家这方面专业人才的丰富程度、专业水平高低也会影响到中央银行的独立性。

第六章

发展中国家中央银行独立性的案例研究

东南亚国家作为 1997 年东亚金融危机的发源地,在金融自由化改革上有较多的经验与教训,对东南亚国家中央银行独立性问题的研究也是凤毛麟角。因此,本书选择了东南亚的两个国家进行案例研究:泰国和印度尼西亚。当然,在具体国家的案例研究上,情况要比宏观理论研究要复杂得多,我们可以明确地观察到前述理论中的影响因素相当的困难,这些因素也不可能全部在案例中体现,因此本章主要集中观察和体现某一方面或者某几方面的因素。

◆ 第一节 ◆

泰国中央银行独立性的历史沿革及现状

泰国中央银行即泰国银行(The Bank of Thailand ,BOT),其前身是泰国国家银行局(the Thai National Banking Bureau)。1939 年,泰国中央银行成立,但是这个时期的泰国中央银行并不是一个独立的机构,它在组织架构上隶属于泰国财政部。泰国 1942 年 4 月颁布了泰国中央银行法(Bank of Thailand Act),这部法律赋予了泰国银行所有的中央银行职能,并使得泰国中央银行脱离了财政部的管辖,成为一个单独的机构。但是,1942 年的泰国中央银行法仍然规定,财政部被授权可以监督泰国中央银行的所有事务。1942 年 12 月 10 日,泰国银行(BOT)作为泰国中央银行正式开始运作。

1942 年的泰国银行法在不少条款的规定上非常笼统,仅作了一些原则上的规定,对于泰国中央银行行长任命、政策执行等内容只有大概的说明。比如仅仅原则性规定泰国中央银行的最高政策决策单位是理事会(Court of Directors),对行长与理事会理事的任期以及货币政策的拟定等均没有明确的规定。而这样一部笼统的法律,从 1942 年实行以来居然从未进行任何重大条文的修订,一直到 2008 年 3 月泰国国会才通过新的泰国中央银行法。因此,在这期间,泰国中央银行运作的主要依据是来自其他法律条文、一些官方的政策性规定、政府规章甚至是惯例，其实际的独立性并不完全依照法律规定，也会受到多方面因素的影响。这样，在泰国中央银行的历史发展中，其独立性程度难以通过法律规定或者简单的数据进行观察，对此，本书主要从中央银行与政府（主要是财政部）之间的关系，尤其是二者矛盾以及最终解决的结果来观察泰国中央银行独立性的水平。

　　本书将泰国银行以及其作为泰国中央银行的独立性[①]的发展和变化的历史过程分为五个阶段来进行分析。

一、政治不稳定与低水平的中央银行独立性：1942—1959 年

（一）政治不稳定

　　这个时期泰国政治变动频繁（参见附录 6），二战后当日本败局已经确定时，泰国议会 1944 年 7 月驳回了政府的法案，引发了为期 3 年的动荡的民主时期。[②] 这个时期泰国的政治体制主要是军方政权，中间也有比较短暂的民主和半民主政治体制的时期，其中掌握政权最长的是銮披汶·颂堪（Field Marshal Plaek Phibun songkhram，任期为 1948—1957 年）。

（二）泰国中央银行与政府的矛盾

　　这个时期泰国政治体制主要还是独裁和集权统治，民主体制和法制都很不健全，泰国中央银行的独立性是非常弱的。泰国中央银行经常与政府发生矛盾，中央银行往往是失败和屈服的一方。比如在 20 世纪 50 年代早期，即 Dej Santivong 担任行长的时期，政府财政赤字严重，并对国民经济和收入分配进行强烈干预，Dej Santivong 在 1952 年的泰国中央银行年报中强烈反对政府的赤字财政，并指责政府的大规模的不负责任的投资行为。当颂堪命令中央银行调整泰铢对英镑的汇率时，Dej Santivong 认为这样会损害泰国的出口而拒绝执行，最终提出辞职。

　　在 1953 年也发生了中央银行与政府的重要冲突。颂堪要求泰国中央

----

　　① 由于早期并没有比较完备的中央银行法规，1942 年泰国银行法许多规定非常笼统，这里的分析主要是指中央银行实际的独立性。

　　② 泰国卷入了二战，并站在日本一边。

银行调整泰铢汇率以使商业银行获利,泰国中央银行对此提出异议,认为这样将会使商业银行把贷款用于金融套利。最终在政治压力下,泰国中央银行不得不同意调整汇率,但是当时的副行长 Puey Ungphakorn 提出了一个附加条件,即在调整汇率的同时,禁止商业银行以优惠汇率出售外汇。这个附加条件最终获得颂堪的认可。但是不久,一家获得军方支持的商业银行大量地以优惠汇率出售外汇获利,影响范围很大,泰国中央银行坚决要求处罚这家银行。结果内阁会议最终对这家银行进行罚款,但是也免去了 Puey Ungphakorn 中央银行副行长的职务。

(三)小结

这个时期泰国中央银行独立性的水平相当低,中央银行行长更替非常频繁,1942 到 1959 年,泰国中央银行行长先后更换了 9 人,平均任期仅为约 1.9 年。如果用库克曼的实际中央银行独立性指标计算,TOR 指标高达 0.47,①同时期日本的 TOR 指标为 0.3,美国为 0.25,英国为 0.2(Cuikerman, 1992)。显然这个时期的泰国中央银行独立性水平是很低的。

1942 到 1959 年,影响泰国中央银行独立性的因素主要有两个方面,一方面是这个时期泰国的政治不稳定程度相当高,政治变动频繁。具体来看,泰国在 1944 到 1947 年这 3 年民主动荡时期就先后经历了 10 届政府,5 位总理执政。而 1942 到 1959 年,泰国经历了 16 届政府执政,平均执政时间仅为 1 年(参见附录 6)。政府执政时期内政权处于非常不稳定的状态,任期安全(tenure security)时常受到威胁,例如在颂堪执政期间就发生了 3 起未遂政变。在这种高度政治不稳定情况下,政治家更多的是考虑自身的任期安全问题,这也使得政府更多地干预中央银行,保持自身的政策灵活度,以便有更大的运作范围,从而导致了较弱的中央银行独立性。

另一方面,这个时期,泰国政治家对国际信誉(international creditworthiness)的需要程度并不高,泰国经济并没有一个相对稳定的政治环境为基础,国际经济交往范围相当有限,国际资本流动方面仅仅局限于国际援助贷款和部分国际商业贷款。在这样的情况下,加上政治变动频繁,政

①　TOR 的计算方法非常简单,主要是计算在一定期间内中央银行行长的更换次数。在 1942—1959 年的 17 年期间,中央银行行长共更换 8 次,因此 8/17＝0.47。

治家或者说政府权力的掌握者,对经济发展的关注相对不足,对国际信誉的意识并不充分,这种情况下政府对中央银行的需要程度并不高,也导致泰国较弱的中央银行独立性。

二、国际信誉需求、个人领导能力与中央银行独立性的增强:1959—1973 年

(一)中央银行独立性增强的背景

从 20 世纪 50 年代中期开始,泰国的外汇储备开始不断下降,国际贷款也不断下降。外汇储备从 1955 年的 2.45 亿美元逐步下降到 1959 年的 1.66 亿美元。国际贷款也从 1956 年的 2.81 亿美元下降到 1959 年的 1.39 亿美元。[①] 世界流动性紧张,导致获得国际贷款比较困难。20 世纪 50 年代,在美国的提议下和推动下,为了在全世界范围推行美国的制度和价值观,以及作为新建立的布雷顿体系的计划,世界银行向一些发展中国家提供政策性贷款,同时也对这些发展中国家进行针对性经济政策研究并提出经济改革的方案。这些贷款的承诺和改革的蓝图,使得不少发展中国家对此积极争取。世界银行的贷款其实也是有条件的,希望获得贷款的发展中国家不得不承诺履行世界银行的政策建议。

沙立·他那叻元帅(Sarit Thanarat)于 1959 年上台执政,作为军人政权,他用强硬手段清除了军队内部的各种势力,建立了权力非常集中的体制,作为一个强硬而具有个人魅力的领导者,他通过法令开始了最为独裁的统治。沙立在其权力十分巩固、任期安全得到保证后开始重视经济发展,他降低了电费和公交车的费用,并根据世界银行的建议和标准重新定位经济发展方向,着手进行基础设施建设,给予私人企业更多的优惠。泰国获得了一段政治稳定的时期。沙立不可挑战的权威影响深远,甚至它所产生的影响使得之后能力较差的继任者继续统治了 10 年(John Funston,2001)。

---

① 数据来源于 IMF:International Financial Statistics(Washington, D.C. IMF)相应年度版本。

（二）中央银行独立性的增强

在这样的背景下，泰国政府对国际信誉的需求开始增强。政治稳定和权力巩固以后，沙立非常希望得到世界银行和美国的认可，希望得到国际信誉以加强对外经济交往，得到更多的国际贷款与资本。沙立在 1959 年后期开始着手提高泰国中央银行的独立性，改善泰国的国际信誉。Puey Ungphakorn 在 1959 年被任命为泰国中央银行行长。他具有出色的才能并且为人正直，当时泰国的相关法律并未禁止中央银行行长兼任其他政府职务（当时的发达国家中央银行法大多都明确禁止），但 Puey Ungphakorn 却坚持推却了不少为自己带来大量收入的职位。他利用自己与国际组织的良好关系作为中央银行权力的一种支撑，并以此影响军方领导人。在中央银行与政府发生一些难以协调的矛盾时，Puey Ungphakorn 态度非常强硬，有时甚至会以辞职来作为威胁，这些威胁往往会收到效果。这主要是由于 Puey Ungphakorn 在国际组织、国际金融界的良好声誉和关系，当时不少国际金融界人士把 Puey Ungphakorn 看作是"唯一值得信赖的泰国人"，[①]甚至声称在没有他参与的情况下就不和泰国进行商业往来。Puey Ungphakorn 巧妙地利用国际方面的压力作为杠杆来撬动国内政治压力，大幅度地增强了泰国中央银行的独立性。

在一些情况下，泰国中央银行与军方政府公开发生意见不一致的矛盾时，军方政府进行了让步。这些矛盾主要是关于军方政府在商业银行的人事安排。Puey Ungphakorn 曾在公开演讲中指责军方政府在商业银行委员会中至少安排一名代表的做法。Puey Ungphakorn 管理下的泰国中央银行的权力也扩展到财政领域，政府方面曾经提议要建立一个新的委员会来处理一些财政问题，主要是国际方面的财政问题。但 Puey Ungphakorn 认为这是中央银行的权力范围，他声明说，"我认为建立新的委员会完全没有任何意义，如果新的委员会成立……那么我除了辞职之外别无选择"。[②] 政府方面最终没有再提议建立这个委员会。

最重要的是在这个时期，一些其他领域的相关法律的变化使得泰国中

---

①　转引自 Maxfield：Gatekeepers of Growth，Princeton University Press，Princeton，New Jersey，1997，p.78.

②　Puey Ungphakorn：A Siamese for All Seasons，Bangkok，1983，p.315.

央银行独立性的提高有了法律的依据。Puey Ungphakorn 一直强烈要求禁止中央银行用透支的方式为政府提供财政资金,他认为这是对中央银行权力的一种践踏,沙立最终支持了他。1959 年泰国通过了政府预算法,这部法律禁止中央银行用透支的方式为政府提供财政资金,真正通过法律规定提高了中央银行独立性。另外,在 Puey Ungphakorn 的积极推动下,1962 年泰国还通过了一部商业银行法案,使中央银行具有相应的商业银行监管以及信贷控制的权力和政策工具。这些权力和工具是中央银行维持价格稳定、改善国际信誉的关键,尤其是对于国内信贷的控制。Puey Ungphakorn积极与泰国银行家协会(Thai Bankers Association)磋商后,主持起草了这部法律,最终使这部法律的规定并不局限于商业银行范围。

(三)小结

1959 到 1973 年这个时期,泰国中央银行独立性水平得到了较大的提高。泰国中央银行行长只更换了 1 人,平均任期达到 8 年(参见附录 6)。用 Cuikerman 的实际中央银行独立性指标计算,TOR 指标仅为 0.07。尽管 TOR 指标存在一定的偏差,但是仍然反映了这个时期的泰国中央银行独立性水平得到了很大的提高。

在此期间,导致泰国中央银行独立性的提高的因素主要有三个方面:

一方面是这个时期泰国的政治不稳定程度大大降低,政治权力十分巩固。在 1959 到 1973 年的这 14 年时间里,只经历了两届政府(参见附录 6)。政治稳定,权力巩固,任期安全得到保障的情况下,政治家更多地会考虑到国内经济的发展,将货币政策的部分权力交给专业的中央银行来实施,并且较少进行政治干预,从而提高了中央银行的独立性。

另一方面,政治家对国际信誉的需要程度大大增强,经济发展需要进一步的国际经济交往。国际流动性紧张使得对国际贷款的需要增强,世界银行的贷款援助等均要求泰国国际信誉的改善。FDI 已经开始得到政府的重视,中央银行独立性的增强带来的国际信誉对国际资本流入的促进作用也开始显现,并逐渐被政府所意识到。尤其是在 1959 年政府预算法颁布后,泰国的国际贷款和流入的 FDI 有明显的增加,使政府进一步认识到中央银行独立性对国际信誉以至于国际资金的作用,更加积极地提高中央银行的独立性,进而有了 1962 年商业银行法的颁布,而商业银行法的颁布再次刺激了泰国 FDI 的流入和国际贷款增加(见表 6.5)。这些支持了本书在第三章提出的中央银行独立性与吸引国际资本(尤其是 FDI)二者之间存在双向因果关系的观点。

还有一方面是中央银行家的个人才能。Puey Ungphakorn 的出色才能和个人领导能力也在泰国中央银行独立性的提高中扮演了重要的角色。

表 6.1　泰国的 FDI 流入与国际贷款（1958－1966）

单位:百万美元

年份	FDI 流入	国际贷款
1958	2.4	13.9
1959	2.4	19.5
1960	3.4	30.1
1961	6.0	26.8
1962	7.5	51.6
1963	20.6	43.6
1964	18.1	65.0
1965	28.4	29.7

资料来源:IMF:International Financial Statistics(Washington，D.C. IMF)相应年度版本。

三、政治不稳定、国际流动性泛滥与中央银行独立性的削弱:1973—1984 年

(一)政治不稳定

20 世纪 70 年代中期以后,泰国进入了民主政治时期。民主体制和开放也带来了政治环境的高度不确定性,这种不确定性又降低了政治家对自身任期安全的预期和他们心目中对国际信誉的重视程度,政治家更多地希望将中央银行的权力掌握在自己手中作为政治斗争的武器。

他侬·吉滴卡宗元帅(Thanom Kittikachorn)加快了民主制度的建设。

1968 年泰国颁布了新的宪法,该宪法使政治党派合法化(之前已经被禁止了 10 年)。随后泰国建立了一个半议会体制并于 1969 年举行大选,建立了 13 个政治党派。但是很快 1971 年又发生了军事政变,新政府解散了立法机构,废除了宪法并禁止政治党派。

1973 到 1976 年是泰国混乱的民主阶段,短命的看守政府和民选政府相继上台。学生、农会和工会上街示威宣泄不满,而右翼暴力集团则四处制造恐慌,暗杀学生、农会和工会的领导人。在 1976 年的选举中,发生了有记载的最严重的暴力冲突,几十人在冲突中丧生。江萨·差玛南上将(Kriangsak Chamanan)以此为借口发动了政变。

(二)国际流动性泛滥

这个时期,世界金融市场的情况发生了巨大的变化。中东国家的石油收入开始大量涌入国际市场,国际流动性泛滥,国际贷款利率很低,贷款非常容易获得。泰国在国际金融市场获得贷款也变得十分容易。泰国 1972 年获得的国际贷款增长率为 27%,1974 年则快速增长到 56%。泰国的外汇储备在 1969 到 1971 年一直处于下降的趋势,但 1972 到 1974 年三年分别增长达到 21%、24%、42%。

1973 年泰国在国际金融市场平均私人借款利率仅为 4%,甚至低于伦敦 1 年期存款利率。[①] 因此政府对国际信誉的需要程度大大下降。

(三)中央银行独立性的削弱

政治不稳定局面使政治家削弱泰国中央银行独立性的动机增强。国际流动性充裕,世界银行甚至鼓励泰国政府进行国际贷款,获得国际资金相当容易,对国际信誉的需要下降,这些都削弱了这个时期泰国中央银行的独立性。

泰国中央银行与财政部在 20 世纪 70 年代农业贷款计划中的矛盾及其结果显示了其独立性水平的下降。70 年代开展的农业贷款计划遭到不少私人银行的反对,主要是这些银行认为贷款风险太大,而且这些银行没有相应

---

① 数据来源:IMF:International Financial Statistics(Washington, D.C. IMF)相应年度版本。

的力量去评估农业贷款的风险。泰国中央银行也没有专门的农业信贷部门来监管这个计划。于是,中央银行内部专门集中力量成立了一个对此负责的机构,但是最终这个机构的控制权力却归属给了财政部。当时的中央银行行长 Bisudhi Nimmanhaemin 极力反对,但是却没有任何效果。

Raja 金融公司是一家与军方高级将领有密切关系的金融企业,20 世纪70 年代经营不善濒临破产,难以偿还巨额的债务,便通过与军方将领的关系要求政府为其担保并垫付债务。财政部长对此表示支持,而泰国中央银行行长 Snoh Unakul 极力反对。但是最终 Snoh Unakul 不得不面临要么被迫辞职,要么替 Raja 金融公司担保并垫付债务的尴尬局面。Snoh Unakul 迫于压力垫付了债务,但后来中央银行要求对 Raja 金融公司进行追偿时,财政部不予理睬。

(四)小结

这个时期由于政治不稳定性增强,国际流动性泛滥使泰国中央银行的独立性受到了削弱。值得注意的是,如果不深入研究这个时期的历史具体时事件,很难观察到这种削弱。这个时期的中央银行独立性的 TOR 指标为0.18,虽然并不高,但是与前一时期相比,中央银行独立性还是有所削弱。

这个时期的政治不稳定有一个特点,就是新政府往往建立在多方派别联合的基础之上。这样的联合政府情况下,由于需要各方势力的均衡,政府首脑往往会将一些重要职位分配给不同派别的人员,尤其是财政部长一职。担任财政部长的官员往往代表某一派别的势力,并积极扩大自身的权力范围,从而不可避免地削弱了中央银行的权力,造成其独立性的下降。

四、FDI 与中央银行独立性水平的缓慢恢复:1984—1997 年亚洲金融危机前

(一)政治不稳定的延续

这个时期泰国的政治不稳定状况依然延续,1984—1997 年总共经历了8 届政府,是世界上政府更迭最频繁的国家之一(John Funston,2001)。但是世界环境发生了巨大的变化(尤其是在 20 世纪 90 年代初以后),各国都

越来越意识到经济发展和国际经济交往的重要性,经济全球化的发展越来越迅速。尽管政治不稳定程度依然较高,但泰国的政治家也越来越注意政府的国际信誉。

（二）FDI 与国际信誉需求的增加

20 世纪 70 年代中期以后,国际流动性开始萎缩,流入泰国的 FDI 开始下降。泰国的外汇储备也迅速下降。1978 年为 19.74 亿美元,1979 年下降为 17.94 亿美元,1980 年为 15.5 亿美元,1982 年为 15.1 亿美元。此时,获得国际贷款变得更加困难,泰国政府对国际信誉的需求程度有所加强。20 世纪 80 年代中期以后,FDI 逐渐成为国际资本流动的主要形式,它给发展中国家带来的收益也越来越多,为世界各国政府所重视。而泰国的 FDI 流入长期以来没有什么增长。政府也希望通过国际信誉的改善来吸引 FDI。

（三）泰国中央银行与政府的矛盾

泰国在 1985—1995 年是世界上增长最快的经济体之一,年平均增长 10％左右,随着经济发展的需要,对经济发展认识的深入,泰国中央银行与政府逐步在将价格稳定作为重要目标和逐步增强中央银行权力方面取得一致,使得中央银行的独立性有所加强。例如在 Nukun Prachuabmoh 任中央银行行长时期,与当时的财政部长 Somaii Huntrakul 先后在公开演讲中指出应当维持价格稳定和加强中央银行的作用。[①] 但是在这样的共识下,中央银行与政府(主要是财政部)之间的矛盾仍然不断。

例如 Nukun Prachuabmoh 希望对储蓄和贷款利率均实行浮动,但 Somaii Huntrakul 却认为应当对贷款利率设置上限。最终财政部占了上风。中央银行曾对规定商业银行贷款的增长不能超过 18％,使中小企业难以获得贷款,这个规定遭到企业界和媒体的强烈反对,财政部也反对这项规定,最终政府对规定进行了修改。泰国中央银行公开声明反对政府购买 F—16 战斗机的计划,财政部长 Somaii Huntrakul 对此批评中央银行不应当将政府财政预算在公众中公开讨论。Somaii Huntrakul 还反对中央银行提出

---

① Paisal Sricharatchanya:A Sack Full of Questions,Dorkbia,1985,p. 112.

的存款保险计划,甚至以辞职相威胁,导致国会不得不搁置了此项计划。Somaii Huntrakul 认为中央银行的金融监管过于松懈,财政部专门派人定期监督中央银行的金融监管。

最终,Somaii Huntrakul 将 Nukun Prachuabmoh 免职,让与自己关系密切的 Nukun Prachuabmoh 接任中央银行行长的职位。但是不久以后,Pramual 任财政部长,中央银行与财政部又继续发生矛盾。二者的矛盾主要在于财政部对于扩张性宏观经济政策的偏好与中央银行不一致。例如中央银行同时取消利率限制和控制信贷扩张的政策就遭到财政部长 Pramual 的极力反对,他甚至指责中央银行与私人银行密谋设定利率并声称决不允许这种情况发生。这个声明被认为泰国中央银行将不被允许独立地制定和执行货币政策。

尽管如此,泰国中央银行仍然在独立性上有所增强。1985 年通过的商业银行法也扩大了中央银行职权的法律范围。在 Kamchorn 任中央银行行长时期,中央银行重新部分地取得了国家财政政策的否决权。Kamchorn 在政府首脑希望获得国际信誉的情况下,也利用自己与国际组织的关系来支撑中央银行的权力。当时泰国中央银行的一位高层管理人员曾经提到:"我们(泰国中央银行)和 IMF 有相似的政策偏好,但是由于政府的反对压力,我们不得不要求 IMF 将这些政策偏好强加给我们。"[1]后来,财政部长 Pramual 不经过泰国中央银行就与五家外国银行商谈进入泰国金融市场的问题,对此 Kamchorn 进行了政治反击,媒体大量报道 Pramual 不尊重中央银行权力,谋求私利,最终迫使 Pramual 辞职。Kamchorn 之后中央银行行长由 Chavalit Thanachanan 接任,但时间很短。然后财政部提名 Vijit Supanit 任中央银行行长,Vijit Supanit 原来一直任职于泰国中央银行,而不是来自于财政部,这一提名显然是财政部对提高中央银行独立性的支持。[2]

---

[1]　转引自 Maxfield:Gatekeepers of Growth,Princeton University Press,Princeton, New Jersey,1997,p.79.

[2]　Songkiat Chartwatananan, :The New Wave, Vijit Supanit,Dorkbia,1990, p.14.

五、中央银行独立性水平的快速提高：1997 年亚洲金融危机至今

（一）1997 年亚洲金融危机

泰国在 1993 年开放了资本账户，大规模短期国际资本流入，成为泰国经济中潜在的不稳定因素。泰国的私人债务从 1992 年的 305 亿美元上升到 1996 年的 920 亿美元。金融机构不够完善，造成泡沫经济，尤其是在房地产部门导致了过度投资。泰国中央银行试图控制过热的经济，采取了货币紧缩政策，却增加了不良贷款的数量。这些引起了对金融机构生存能力的关注，最终，投机性资金同国际短期流动资本共同对泰国货币发动了攻击。泰国中央银行通过一系列期货交易安排买进泰铢，以此来支撑泰国货币，结果损失了约 100 亿美元的外汇储备。向债台高筑的金融机构注入资金则造成更多的资金流失。

泰国中央银行在危机爆发一年前就开始保护泰铢。在危机爆发前不久的 1997 年 5 月，泰国政府也试图采取一些资本控制的措施，以防止市场大规模地抛售泰铢。但为时已晚，当时的泰国中央银行行长 Rerngchai Makaranond 主张采取严厉的资本控制措施以对付资本投机和资本外流，如实施双轨的外汇交易体系，取缔投机性交易，采取新加坡或瑞士似的限制性离岸本币交易手法，但遭到一些高层人士的反对。

1997 年亚洲金融危机给泰国造成了巨大的经济损失，带来了惨痛的教训。对亚洲金融危机爆发的原因大家仍然存在不少争论。有些学者认为泰国中央银行独立性不强与金融危机有一定的关系，比如牛津标准金融分析报告(Oxford Analytica,2009)认为，泰国中央银行独立性水平较低，受到政治干扰严重，财政政策与货币政策没有明确的区分，泰国中央银行向给予政府的借款透明度低以及对泰国中央银行最后贷款人职能的法律规定模糊等等因素，使金融危机进一步恶化。

表 6.2　东亚各国中央银行法改革时间

	实行日期	最新修订时期
泰国	2008	2008.3.4
印度尼西亚	1999	2004.1.15
菲律宾	1993	
马来西亚	1958	2008.2.8
新加坡	1970	2007.3.7
越南	2007	2008.8.26
老挝	1995	1999.10.20
缅甸	1990	1997
文莱	2004	
柬埔寨	1993	1996.1.26
中国	1994	1995
日本	1942	1997
韩国	2003	2010.5.17

资料来源:各国中央银行官方网站。数据截止到 2010 年。

（二）同质化压力

这个时期许多发展中国家都进行了中央银行改革,加强了中央银行的独立性。在泰国正式通过法律加强中央银行独立性之前,1990—2008 年期间,东盟其他 9 个国家全部进行了加强了中央银行的独立性的立法改革,东亚其他三个主要国家中国、日本和韩国也进行了改革(见表 6.6)。这种全球网络的同质化压力使得泰国政府更进一步提高中央银行独立的需要显得更为迫切。

（三）IMF 的作用

1997 年 7 月,泰国采取浮动汇率制之后,泰国货币急剧贬值,同时股市崩溃。财政部长 Amnuay Virawan 部长因"货币政策失控"而于 1997 年 6 月

19 日辞职。在泰铢宣布贬值后几小时,泰国中央银行行长 Rerngchai Makaranond 辞职。泰国不得不向 IMF 请求援助。IMF 同意给予泰国 172 亿美元的贷款,这是到当时为止第 2 笔最大的贷款。但 IMF 的贷款是带有条件的。他要求泰国进行制度结构方面的改革。改革从金融部门开始,其中包括在于提高泰国中央银行的独立性,加强泰国中央银行的监管权力、扩大监管范围、加强监管职能、提高泰国各个金融机构的公司治理能力,并推动自由化。

另外 IMF 还要求泰国紧缩财政政策和货币政策,缩减政府开支,关闭金融机构等,结果使得泰国经济更加不景气。到 1998 年 1 月,泰铢和美元的汇率下降到 54：1,是其在金融危机前价值的 55%,股市也比 1997 初的水平下降了 60%。泰国对 IMF 的贷款条件要求提出抗议,后来 IMF 接收了泰国的要求,放松了货币政策。泰国经济逐步稳定。2000 年 7 月,泰国结束了 IMF 的援助项目,不再接收 IMF 剩下的 37 亿美元贷款。[①]

（四）泰国中央银行独立性的增强

为加强泰国中央银行的地位和权力,根据 IMF 国际金融专家小组的建议,泰国政府于 2000 年向国会提交了三项修改法案:新机构金融法、泰国中央银行修订法和新货币流通法。其目的在于使泰国中央银行在进行金融重组时,更加具有自主性和灵活性,不必事先征得泰国财政部的同意。这些法案要求泰国中央银行成立独立的稽核机构,对金融机构的问题进行举证,并有权对包括母公司与子公司的金融机构进行场外稽核。这些新的法案的实施将有助于增强泰国中央银行的独立性。但是由于政治的变动,这些新的法案一直被搁置,一直到 2008 年才正式通过新的中央银行法。不过,有些政策性规定在 2000 年时已经开始实施了。

泰国中央银行在 1997 金融危机前主要是采用钉住一篮子重要国家货币的汇率制度,在金融危机之后,泰国中央银行根据 IMF 的建议,实行了货币目标制。2000 年 5 月,泰国中央银行宣布实行通胀目标制,以季度平均核心通胀作为其通货膨胀目标的观察指数。通胀目标制的实施进一步增强了

---

① 数据引自约翰·芬斯顿:《东南亚政府与政治》,北京大学出版社 2007 年版。

泰国中央银行的独立性,尤其是工具独立性,使得中央银行能够避免政治压力的干扰。实行通胀目标制的一个重要条件就是中央银行的独立。在通胀目标制实行以后,泰国中央银行实际已经具备了较强的中央银行独立性,能够独立制定和执行货币政策(Stephen Grenville and Takatoshi Ito,2010)。实行通胀目标制的政策效果比较让人满意,泰国的通胀情况一直表现相对良好,政策目标基本实现(见图 6.1)。在这种情况下,2008 年 3 月泰国新的中央银行法终于获得国会通过,在法律上进一步确认和提高了泰国中央银行的独立性。

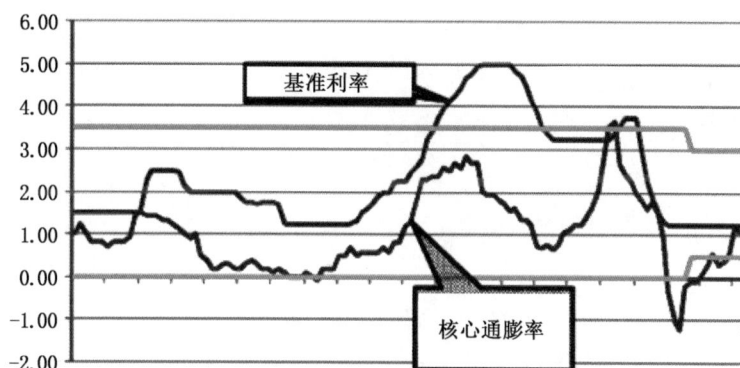

图 6.1　泰国 2000—2010 年通胀与利率情况

资料来源:泰国中央银行(Bank of Thailand);相关年度泰国通胀报告(Inflation Report)。

根据 2008 年 3 月泰国新的中央银行法,泰国中央银行的独立性获得了较大的提高。具体来看:(1)中央银行行长和货币政策决策机构人员的任命方面:由财政部长任命 7 名委员,组成中央银行行长遴选委员会,提供至少 2 位行长候选人,由内阁提名后,再由国王进行任命,任期为 5 年。中央银行行长任职期间不得兼任其他职务,如果因为政策性因素对行长进行免职,必须经中央银行理事会或者财政部提案,再由内阁通过。泰国中央银行货币政策决策机构为货币政策理事会(Monetary Policy Committee),理事会成员为 7 人,其中没有政府指派的专门代表,理事由泰国中央银行理事会任命,任期为 3 年。(2)在货币政策运作机制方面:实施通胀目标制,货币政策的最终目标是"维持价格稳定、保障金融体系与支付系统的安全"。① 货币政策理事会需与财政部长针对下一年度的货币政策协调商定，双方取得一致后向内阁提出报告，经内阁同意后，可将货币政策目标在政府公报中刊登并予以执行。新法案并没有制定政府与中央银行发生冲突时的协调机制，但显然政府有最终决定权。(3)在中央银行对政府的财政融资方面：泰国中央银行的独立性显得较弱，新法案基本未对政府向中央银行财政融资进行限制，对融资期限、金额、方式均未有详细的规定。(4)在金融监管方面：泰国中央银行并非唯一的监管机构。2008 年泰国实行了金融机构业务法(Financial Institution Business Act)，规定金融监管职能分别隶属于财政部、泰国中央银行和证券和外汇委员会。因此泰国中央银行仅对一般性的金融监管业务负责。

◆ 第二节 ◆

印度尼西亚中央银行独立性的历史沿革及现状

印度尼西亚与泰国的情况不同。泰国在 60 多年的时间里没有对中央银行法进行较大的修订，而印度尼西亚从 1953 年到 2008 年期间，一共先后出台了 6 部中央银行法，为观察研究提供了法律的依据。

一、印尼中央银行独立性的历史发展过程

本书将印尼中央银行(Bank of Indonesia)独立性的历史发展过程分为五个阶段(历届印尼中央银行行长与政府参见附录 7)：

---

① 泰国中央银行 2551 号法令 Bank of Thailand Act, B.E. 2551 (2008) (http://www.bot.or.th/)。

（一）1953 至 1958 年

1.印尼中央银行的建立

20 世纪 40、50 年代的印尼,经济条件恶劣,政治混乱,经历了反对荷兰殖民者的斗争以及其他各种斗争和起义。1945 年印尼宣布独立并颁布了第一部宪法。1949 年 12 月,荷兰放弃了统治,向印度尼西亚联邦共和国移交权力。印尼于 1950 年放弃了联邦政体,采用了单一制。在 1950 年之前,由荷兰建立的私人银行——爪哇银行(De Javasche Bank)成为印尼地区的发行银行。直到 1951 年之前,这家银行一直由荷兰人经营和管理。印尼政府在 1951 年对爪哇银行进行了国有化,并制定了 1953 年第 11 号法令。根据这部法令,爪哇银行在 1953 年 7 月正式改名为印尼银行(Bank of Indonesia),成为印尼中央银行。

印尼中央银行对原爪哇银行的管理结构进行了改革。根据 1953 年第 11 号法令,印尼中央银行主要由 3 个委员会进行管理,包括货币委员会、理事会和顾问委员会。货币委员会掌握了最主要的权力,其职责包括制定各项货币政策并指导中央银行理事会。货币委员会由 3 名有投票权的成员组成。财政部长为委员会主席,还包括经济部长和中央银行行长。在财政部长不能出席时,中央银行行长暂时代行委员会主席。政府对货币政策负责,印尼中央银行还承担货币发行、信贷控制和银行监管的职能。

Sjafruddin Prawiranegara 作为爪哇银行的最后一任行长同时也是印尼银行的第一任行长。他在银行 1951—1952 年年报中提到,对爪哇银行的国有化可能会导致发行货币的权力被政府利用,成为政府财政来源的渠道。在印尼银行正式建立后,Sjafruddin Prawiranegara 又在 1952—1953 年年报中指出,1953 年第 11 号法令规定的印尼中央银行的管理制度结构与他的设想并不一致,这种货币委员会凌驾于理事会之上的制度安排使中央银行职能和权力范围相对模糊。他认为,印尼中央银行应该与政府相对分离,在特殊的情况下政府才能干预中央银行。他另外提出,应当建立一个协调委员会来对政府和中央银行之间进行协调。但是,Sjafruddin Prawiranegara 的这些建议最终都没有实现。

2.印尼中央银行法的变化

在 1955 年,印尼政府又颁布了 1955 年第 11 号法令,该法令对 1953 年的法令进行了修改,主要是在中央银行给予政府融资借款的限制方面。
1953 年 11 号法令规定政府向中央银行借款的最大额度不得超过政府年财
政收入的 30％,1955 年第 11 号法令将这一条款中的比例限制改为了具体
金额,即政府向中央银行借款的最大额度不得超过 7.1 亿卢比。但是印尼政
府又在 1958 年第 84 号法令中再次将这个限制改为不得超过政府年财政收
入的 30％。

3.早期印尼中央银行独立性相对较强的原因

早期的印尼中央银行独立性方面确实还存在着种种问题,但是作为发
展中国家的中央银行,与其他发展中国家相比较来说,早期的印尼中央银行
的法律独立性相对较高(见表 6.4)。这个时期主要有两个方面因素影响了
印尼中央银行的独立性:

一是历史方面的因素。作为发展中国家来说,印尼中央银行的历史形
成过程比较特殊。一些主要发达国家的中央银行都是从私人银行发展演变
而来的,这种形成方式体现了政府和私人银行之间的一种合作,因此往往在
中央银行形成时独立性较高。而二战后许多发展中国家成立的中央银行主
要是从政府原来的金融管理机构中分离出来组建的,或者是重新由政府建
立中央银行而形成的,这种方式一开始就是由政府主导和控制的,不可避免
地政府在思想认识、制定法律和人事安排上将中央银行作为行政机构来看
待,也往往导致中央银行受政府干预很多,因而独立性较弱。见本书前述,
印尼中央银行的历史形成过程比较特殊,爪哇银行是由荷兰建立的一家私
人银行,在荷兰与印尼殖民与反殖民斗争的过程中由于联合国安理会的决
议成了印尼地区的发行银行,一直到 1951 年,荷兰人都在管理和经营这家
银行,甚至在 1953 年印尼政府对其国有化,形成印尼银行以后仍然有许多
荷兰人在银行管理层任职,并在微观管理层面延续了以前的管理方式
(Natasha H Hart,2003)。尽管政府的干预不可避免,但是与同时期其他发
展中国家相比,印尼一开始制定的中央银行法,即 1953 年 11 号法令,还是
使得印尼中央银行的法律独立性相对较强(实际独立性也相对较强)。从表
6.4 中可以看出,在 12 个发展中国家中,只有埃及的中央银行法律独立性指
标高于印尼,其他国家均在 0.3 以下。

表 6.4　印尼 1953—1958 年中央银行独立性与其他发展中国家的比较

国家	Cukierman 法律独立性指标	国家	Cukierman 法律独立性指标
印度尼西亚	0.39	印度	0.25
玻利维亚	0.30	墨西哥	0.25
埃及	0.52	尼泊尔	0.18
中国	0.29	巴基斯坦	0.21
泰国	0.27	南非	0.25
乌拉圭	0.22	委内瑞拉	0.28

资料来源：Cukierman(1992)。

二是这个时期印尼的经济发展刚刚起步，资金异常短缺，非常需要资本和国际信誉。印尼在发展初期一直希望从国际金融市场获得资本，但由于国内政治和经济环境不稳定，很难从国际私人银行等获得国际资金，印尼当时的政策对各种国际资金、外国直接投资的流入基本上没有什么限制(John Funston,2001)。

（二）1958 至 1966 年

1959 年，苏加诺决定终止选举制度，宣布实行由他主持的"有领导的民主"。他终止了 1950 年宪法，回归到赋予总统权力更大的 1945 年宪法。1959 以后，苏加诺开始进行实行公有制和高关税政策，并逐步将制定各项经济政策的权力集中化，政府加大了对社会、经济等各方面的干预力度。随着政府机构和议会体制的变化，印尼政府根据总统法令对货币委员会的组成规定进行了修订，财政部长仍然是货币委员会主席，除了中央银行行长之外又增加了更多的政府官员，包括计划部长、生产部长、发展部长和财政部副部长。[①] 同时规定，中央银行行长对货币委员会的决定可以持保留意见，并可以在提交给部长会议作为参考的政府公报中表明自己的立场。另外规

---

① 1959 年以后，印尼领导人苏加诺开始实行公有制。

定,货币委员会会议纪要必须严格保密。1959 年的一系列政策使得印尼中央银行的实际独立性受到了削弱。

这个时期有 3 位印尼中央银行行长在任期未满的情况下被免除职务,其中两次免职政府并没有明确的理由,还有 1 位中央银行行长(Soetikno Slamet)有政府方面的官员背景。另外这个时期印尼存在高额的财政赤字,年平均超过 GDP 的 6％,同时金融部门发展水平较低,M2 占 GDP 的比重低于 7％。这些都使得印尼中央银行的实际独立性有所削弱。

这个时期印尼中央银行独立性降低的主要因素有两个方面:一方面是政治不稳定的程度有所提高。这个时期苏加诺动用军队控制了伊利安查亚(现在的巴布亚),1963 年,他发动了一场反对马来西亚成立的对抗运动,并声称这是英国殖民主义的产物。同时,印尼共产党势力与军方的势力在苏加诺的统治下斗争得异常激烈,潜在的政治不稳定因素随时可能爆发。任期安全受到威胁,政治家希望控制更多的权力。另一方面是苏加诺在 1959 年以后逐步开始推行公有制和权力集中,各项权力都逐步被政府掌握,政府对经济运行高度干预和控制,削弱了印尼中央银行的实际独立性。

(三) 1966 至 1982 年

1966 年,苏哈托接管了印尼政府的全部权力,开始了长达 30 年的苏哈托统治时期。苏哈托建立了新的经济发展政策,并称之为"新秩序"(Orde Baru)。苏哈托加强了印尼在贸易和投资方面的开放程度,推行发展导向的经济政策。1966 年以后到亚洲金融危机前,印尼年均经济增长在 5％～7％之间,这很大程度上受惠于 1973 年第一次石油危机,作为一个石油大国,印尼通过高价出售石油资源取得收益。从 20 世纪 80 年代开始,外国直接投资对印尼的经济增长起到了越来越重要的作用。

苏哈托的"新秩序"体制集中在经济发展上,并以此为导向对经济制度进行改革。印尼中央银行在这个时期被赋予了更多发展方面的目标和功能,承担了更多执行政府政策的职责。当时的印尼中央银行除了传统的职能,如货币政策、银行监管和支付体系之外,还作为一个政府经济发展的机构,进一步加强了对印尼中央银行的主导。

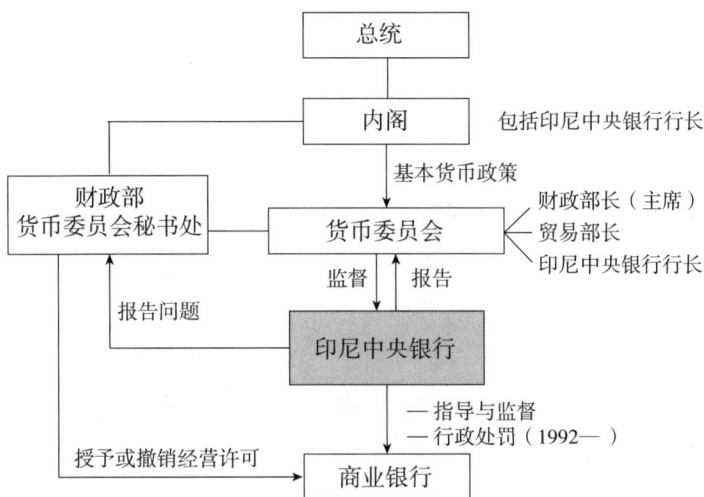

图 6.2　1968－1998 年印尼中央银行与政府的关系架构
资料来源：作者根据印尼中央银行官方网站资料绘制。

印尼 1968 年通过了第 13 号法令，对中央银行法再次进行了修订。对中央银行的职责、管理架构、责任等方面做了较大的修改。依照这部法律，货币委员会被纳入政府的管辖范围，是政府的一个助理机构，不再在印尼中央银行的管理范围内；印尼中央银行作为一个发展机构不再属于政府部门，印尼中央银行行长也不再属于政府的部长级职务；禁止中央银行从事任何商业银行的活动；中央银行作为唯一的货币发行机构，货币发行的数量由政府通过向议会提交财政报告决定。总的来说，这部法律使得印尼中央银行的法律独立性大大削弱了。1968 第 13 号法令在中央银行给予政府贷款和融资方面没有再进行限制，只是在第 35 条第一款规定中央银行给予政府的贷款和融资应当以政府预算为基础。同时 35 条第三款规定了中央银行给予政府贷款的年利率为 3％，但是又规定利率可以由政府和中央银行协商决定，这样实际上就没有对政府向中央银行贷款的利率进行任何约束。根据 I Kadek Dian Sutrisna Arthaa and Jakob de Haana(2010)法律独立性指标的测算，1968 年 13 号法令使印尼中央银行的法律独立性从 0.46 下降到 0.28（见附录 8）。而 1968 年到 1996 年期间印尼没有再对中央银行法进行任何大的修订。

但是 I Kadek Dian Sutrisna Arthaa and Jakob de Haana(2010)采用中

央银行实际独立性指标对印尼中央银行 1968 到 1982 年的实际独立性了进行测算,发现这个时期印尼中央银行的实际独立性不但没有降低,还有所提高(见附录 9)。主要原因在于以下两个方面:一个方面是 1968 到 1982 年这段时期是印尼经济发展的黄金时期,石油出口和 80 年代以后的外国直接投资都推进了印尼良好的经济增长表现,印尼财政状况良好、财政赤字不断降低,金融部门发展很快。尽管法律给予了政府更多干预中央银行的权力,但是经济和财政状况的良好状况等使得政府并没有真正地使用这些权力,而且这个时期的印尼中央银行行长全部都完整地履行完自己的任期(也与经济的良好表现有关)。这些因素都提高了中央银行的实际独立性。另一个方面是这个时期政治非常稳定,苏加诺将其政权的合法性建立在经济的增长之上,使得大部分印尼人的生活有了巨大的改善。他在这个时期逐步使印尼非政治化,只允许三个政党的存在,即专业集团(Golkar)、伊斯兰政党(建设团结党)和印尼民主党(Partai Demokrasi Indonessia,PDI)。任期安全的保证使得政治家可以在法律严格集中权力的情况下,给予中央银行更多的实际的独立性而不常常进行政治干预。

（四）1982 至 1997 年亚洲金融危机前

20 世纪 80 年代以后,经济全球化飞速发展,外国直接投资在印尼经济中的地位越来越重要。印尼政府积极推行经济自由化政策,其对国际信誉的需要程度也越来越强。在这样的情况下,中央银行法虽然没有修订,但是在其他相关政策和规定方面,印尼政府推出的一些政策提高了中央银行的实际独立性。如在 1983 年政府公报中进一步明确了中央银行的目标,指出货币(卢比)稳定是中央银行的首要目标。1985 年财政部 51 号文件又规定政府向中央银行的贷款不得超过财政预算中的具体数量。[①] 印尼政府还取消了最高利率的限制,放松对银行部门的管制,金融部门进一步得到发展。印尼中央银行的实际独立性也进一步提高了。

---

① 印尼中央银行 1983 年和 1985 年年报(http://www.bi.go.id/)。

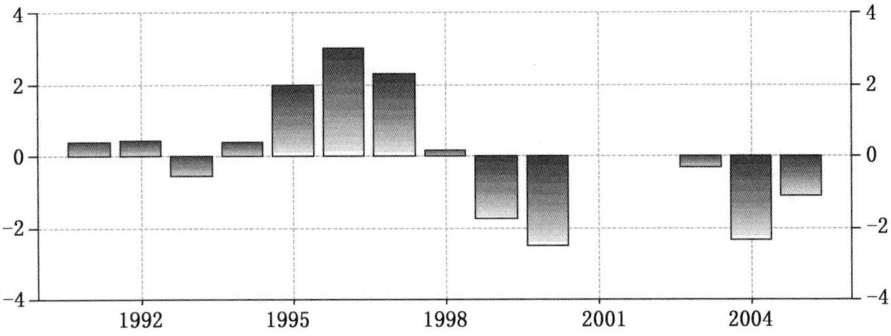

图 6.3　1991—2005 年印尼政府的财政盈余/赤字（占 GDP 的百分比）
资料来源：印尼中央银行相应年度年报（http://www.bi.go.id/）。

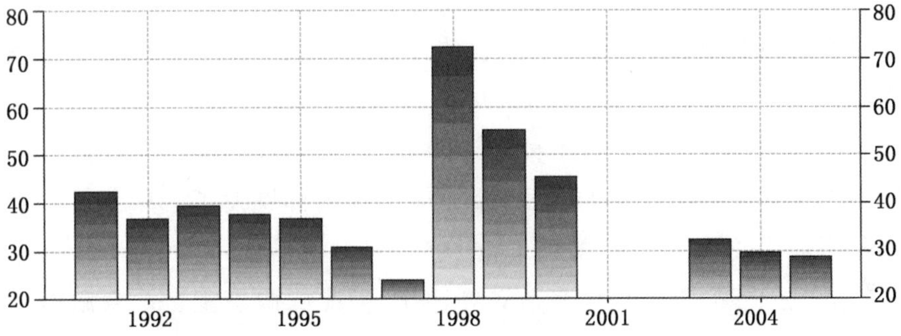

图 6.4　1991—2005 年印尼政府的债务（占 GDP 的百分比）
资料来源：印尼中央银行相应年度年报（http://www.bi.go.id/）。

　　这个时期印尼中央银行的实际独立性提高主要受到对国际信誉的需要程度增强的影响。外国直接投资从 80 年代起逐步成为国际资本流动的重要形式，各国（尤其是东南亚国家）都在为吸引外国直接投资进行激烈的竞争，而印尼的外国直接投资净流入从 1982 年到 1986 年一直没有明显的增长：1982 年印尼外国直接投资净流入为 2.25 亿美元，1986 年增长到 3.1 亿美元，1987 年又回落到 2.58 亿美元。印尼迫切需要吸引外国直接投资来促进印尼的经济增长。在持续推进放松金融管制以及各方面加强中央银行实际独立性的政策后，随着国际直接投资的迅速增长，印尼从 1988 年以后外国直接投资净流入出现了明显快速的增长。为吸引外国直接投资，印尼中央银行的实际独立性进一步有所提高，而印尼外国直接投资净流入持续增长，1995 年已经达到 43.5 亿美元，1996 年更是达到了 62 亿美元。①

另外，印尼政府的财政状况和债务也一直处于较为良好的状态。1991 年到 1996 年期间，只有 1993 年财政有少量的赤字，其他年份均为盈余。同时印尼政府债务占 GDP 的比重也持续下降（见图 6.2 和图 6.3）。这些都使得印尼中央银行较少受到政府的干预，其实际独立性能够保持一个相对较高的水平。

（五）1997 年亚洲金融危机至 2004 年

1997 年亚洲金融危机严重打击了印尼的经济。1998 年，印尼经济总量收缩了 14%。印尼卢比对美元的汇率从 1997 年 7 月 1 日较高的 2432 卢比：1 美元，暴跌到 1998 年 1 月 24 日的 14800 卢比：1 美元。② 金融危机引发和激化了银行系统中存在的各种问题，使许多银行陷于破产境地。金融危机使得印尼政府不得不向 IMF 求援，IMF 在提供紧急贷款的同时也提出了一整套金融和经济改革的方案条件。1998 年 5 月，印尼因为取消能源和食品补贴而在全国引起了广泛的骚乱，整个印尼境内都爆发了示威游行。经济危机又引起了政治的激变，最终导致了苏哈托政府的倒台。

在人民强烈的政治和经济改革呼声中，哈比比政府上台。新政府不得不进行了大刀阔斧的各项经济和政治改革。1999 年，一部新的中央银行法（即 1999 年第 23 号法令）终于获得通过，在印尼中央银行建立 46 年以后，终于获得了其独立的中央银行地位。这部中央银行法赋予了印尼中央银行前所未有的高度的法律独立性。

新的中央银行法规定，印尼中央银行是一个独立的国家机构，不受任何来自政府或其他党派的干预。印尼中央银行的目标是单一的，即维持货币（卢比）的价值稳定。为达到这项目标，印尼中央银行行使三项职能，即货币政策职能、银行监管职能和支付清算职能。新的中央银行法取消了货币委员会，将完全的货币管理权力赋予中央银行（见图 6.5）。在管理者方面，新法令规定，除非自己提出辞职或者被证明有犯罪行为不能再履行其职务，中

---

① 世界银行，http://data.worldbank.org/.

② 印尼中央银行 1997 年和 1998 年年报，http://www.bi.go.id/.

央银行行长和中央银行董事会成员在其任期内不能被免职;中央银行行长和副行长由总统经议会同意后提名并任命;中央银行行长和中央银行董事会成员在其任期内,除了其中央银行工作需要外,禁止兼任任何其他机构的职务,禁止加入任何政治党派,禁止在任何企业拥有直接或间接的相关利益。在货币政策决策方面,新法令规定,任何政治党派都不能干涉中央银行任务的执行;中央银行董事会的决策将通过政府部长与中央银行会议共同审议以达成一致,当无法达成一致时,中央银行行长拥有最终的决定权。在向政府提供贷款的限制方面,新法令规定,中央银行不能向政府提供任何信贷,不能购买政府债券。

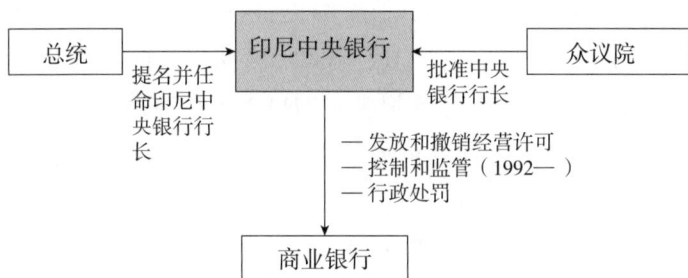

图 6.5　1999—2004 年印尼中央银行与政府的关系架构

资料来源:作者根据印尼中央银行官方网站资料绘制。

这个时期印尼中央银行的独立性大幅提高的主要因素包括以下两个方面:

一方面是 IMF 的影响和推动。印尼与 IMF 之间具有长期的关系,这种关系是紧密而又复杂的。印尼与 IMF 的关系可以追溯到 1966 年,IMF 帮助苏哈托政府设计了宏观经济的稳定计划。1967 年印尼正式重新成为 IMF 的成员国。1970 年印尼政府就接受过 IMF 的紧急贷款,之后印尼在出口商品大幅下跌时,接受过 IMF 的补充性融资计划(compensatory financing facility ,CFF)[①]。IMF 对印尼的影响是非常深远的,印尼与 IMF 的关系持续得比任何一个受 1997 年亚洲金融危机影响的国家都更长,从 1997 年一直到 2003 年,中间经历了 4 任总统。金融危机发生后,IMF 向印尼提供了

---

　　① 补充性融资计划是在 IMF 成员国出口商品价格大幅下跌时,IMF 提供的用以补充出口外汇收入的外汇购买计划。

其历史上数额最高的一次紧急财政援助，总额高达 430 亿美元。IMF 的援助一共包括三个计划，即一个紧急援助计划和两个扩展融资计划（见表6.5）。在提供援助的同时，IMF 也向印尼提出了一揽子的金融和经济改革方案。其中就包括加强中央银行的独立性，赋予其更多的相应权力。在处于危机动荡时期并接受大量援助的情况下，印尼政府不得不接受了这些改革方案，但是有些改革并没有起到预期的效果。1999 年新的中央银行法改革实际上就是原来印尼与 IMF 紧急援助贷款协议中包含的内容（Leonardo Martinez Diaz,2006）。在 1998 年印尼与 IMF 经济与金融政策备忘录（Indonesia－IMF Memorandum of Economic and Financial Policies）中，印尼明确承诺，将加快新的中央银行法的立法准备，新中央银行法草案将在 1998 年 9 月底提交国会。在第一个扩展融资计划协议中，援助贷款的条件也包含了中央银行独立的要求。据英国金融时报报道，IMF 曾经警告印尼政府，"推迟中央银行改革，将损害其独立性并可能影响到新的 IMF 援助贷款的发放。"[①]

　　另一方面的因素是强烈的国际信誉的需要。在亚洲金融危机发生后，印尼的经济状况急剧恶化，大量资金外逃，1998 年印尼外国直接投资净流入为负值，即外国直接投资净流出 2.4 亿美元，1999 年净流出达到 18.7 亿美元，2000 年更是达到 45.5 亿美元。这使得印尼的经济复苏受到严重的阻碍，这种情况下，政府非常需要国际信誉的提高以吸引投资者，在法律上公开正式地大幅度提高中央银行独立性成为解决问题的重要方式之一。

（六）2004 年至今

　　2004 年，印尼又对中央银行法进行了修订（2004 年第 3 号法案），该法案适当降低了中央银行的法律独立性（见图 6.6）。例如在中央银行给予政府融资方面，1999 年中央银行法规定完全不允许中央银行给予政府任何融资，而 2004 年修订后法案规定，印尼中央银行可以在初级市场购买政府短期有价证券，政府在发行政府有价证券之前应当与中央银行进行磋商。2004 年修订法案也取消了 1999 年中央银行法中中央银行给予政府贷款的禁止规定。

---

　　① Fidler, Stephen: Indonesia's central bank plans' put IMF loans at risk, Financial Times, Feb. 9, 2001.

表 6.5　IMF 对印尼的援助贷款与资金往来（截止到 2006 年 6 月）

单位:百万美元

计划	年份	支出	回购	利息等杂项费用
紧急贷款计划	1997	2201.47	0	0
	1998	4254.35	0	133.96
第一个扩展融资计划	1999	1011.00	0	267.54
	2000	851.15	0	398.85
第二个扩展融资计划	2001	309.65	1375.92	369.50
	2002	1100.96	1834.56	202.86
	2003	1376.24	979.26	148.64
后期推进计划	2004	0	678.07	172.25
	2005	0	774.81	211.82
	2006	0	2988.99	122.00

资料来源:IMF:Indonesia:Financial Position with the Fund(www.imf.org.)。

中央银行独立性的再次削弱主要受两方面因素的影响:一方面是随着 IMF 援助计划的终止,IMF 对印尼的影响逐步降低。2003 年印尼终止了与 IMF 的援助协议,贷款总额还剩下 9 亿美元。印尼政府 1999 年的新中央银行法主要还是迫于当时金融危机的紧急形势和 IMF 的压力下不得不颁布的。根据 I Kadek Dian Sutrisna Arthaa and Jakob de Haana(2010)采用库克曼指标的测算,1999 年中央银行法规定的印尼中央银行的法律独立性达到了 0.75,而同时期日本为 0.5,澳大利亚为 0.45,加拿大为 0.63,美国为 0.69,英国为 0.67(Polillo and Guillén,2005),已经高于许多发达国家的水平。作为发展中国家,印尼政府希望在经济发展中起到更大的作用,过高的中央银行独立性限制了政府政策的灵活度。另一方面,随着经济的逐步复苏,国际信誉的需要依然强烈但是相对有所减弱。印尼的外国直接投资净流入逐步开始变为正值,2002 年为 1.45 亿美元,2004 年增长到 18.9 亿美元,2008 年达到 93.2 亿美元的高点。① 外国直接投资依然将在印尼经济发展中扮演重要的角色,在印尼中央银行已经正式获得独立的地位的情况下,政府认为加强政策的灵活度更有利于外国直接投资的流入。②

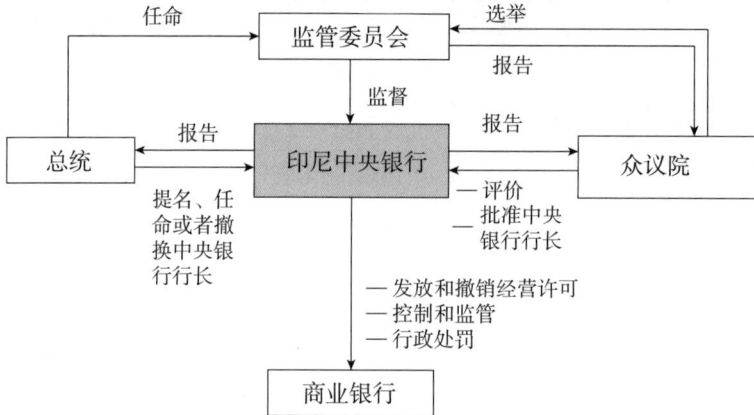

图 6.6　2004 年以后印尼中央银行与政府的关系架构

资料来源:作者根据印尼中央银行官方网站资料绘制。

二、印尼中央银行法律独立性与实际独立性的发展与比较

印尼中央银行从 1953 年建立至今,中央银行法共修订过 6 次,根据这些法律规定可以计算出其法律独立性水平。笔者认为,常用的 Cukierman 法律独立性指标体系主要是根据发达国家中央银行法的模式设计的,然后再扩展到发展中国家,是一种带有普遍性的模板指标体系。Cukierman 法律独立性指标更适合于横向的、多个国家的情况。但是针对某一具体国家中央银行法律独立性的纵向的、历史发展的研究则需要针对性更强的指标体系。I Kadek Dian Sutrisna Arthaa and Jakob de Haana(2010)根据印尼的中央银行法的变化与发展,提出了具有针对性的中央银行法律独立性的指标体系,测算了印尼中央银行从建立至今的法律独立性变化发展情况(见附录 9)。

---

① 数据来自世界银行(http://data.worldbank.org/)。
② 见印尼中央银行 2005 年年报(http://www.bi.go.id/),第 122 页。

在实践中,尤其是在发展中国家的实践中,法律独立性水平和实际独立性水平往往存在偏差,为此库克曼等提出了 TOR 指标,但是 TOR 指标过于简单,其假设也存在一定的问题。I Kadek Dian Sutrisna Arthaa and Jakob de Haana(2010)提出了新的测度中央银行实际独立性的指标体系,这个指标体系的主要通过测度一些实际的政府干预中央银行应当负责的权力范围的经济指标来衡量中央银行的实际独立性,其测量对象分为五个方面,包括中央银行行长的人事安排、政策决定、中央银行的目标、中央银行给予政府融资的限制以及中央银行自身的财政独立(具体见附录9)。

从对印尼中央银行法律独立性和实际独立性的比较来看,1968 年到 1997 年这一段时间两者偏差比较大,其他时间则相差较小(见图 6.7)

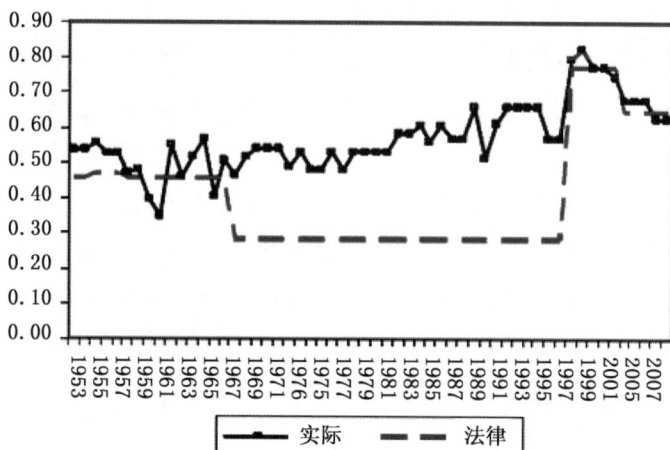

图 6.7　印尼中央银行法律独立性与实际独立性的比较

资料来源:I Kadek Dian Sutrisna Arthaa and Jakob de Haana:Legal and Actual Central Bank Independence:A Case Study of Bank Indonesia.(http://ideas.repec.org/p/dgr/rugsom/10004.html)。

◆ 第三节 ◆

结 论

本章从历史发展角度对泰国和印度尼西亚中央银行的独立性进行了纵向的案例分析,研究其发展过程中的各种国内的和国际的影响因素。在发展中国家,影响中央银行独立性的因素是异常复杂的。主流观点所认为的中央银行独立性对通胀的影响,作为一种机制,无论在发达国家还是在发展中国家确实存在,但是这种机制只是一种基础,中央银行的独立性又同时受到各种复杂的政治、经济因素的影响。

具体到作为案例研究的两个国家,泰国中央银行独立性在其发展过程中受到政治不稳定因素影响的成分较多,后期则主要受到全球网络同质化压力的影响。尽管泰国中央银行独立性有了较大的提高,但是泰国长期的政治不稳定使其中央银行的独立性与东盟其他国家比较来看仍然显得较弱。印尼中央银行独立性的发展在早期主要是受到历史因素的影响,后期受 IMF 的影响更大些。因此印尼中央银行独立性的水平在发展中国家中相对较高。20 世纪 80 年代以后,改善国际信誉、吸引 FDI 也对两国中央银行独立性产生一定的影响。

◆ 结 束 语 ◆

对于中央银行独立性问题,已有的文献研究实际上有两条线索,提出了两个问题。一条线索从"中央银行独立性内生决定"观点出发,提出的问题是"影响中央银行独立性的因素有哪些",寻求中央银行独立性背后的决定和影响因素;另一条线索从"免费的午餐"观点出发,提出的问题是"中央银行独立性对经济的影响如何",寻求中央银行独立性的变化可能对各种经济变量产生的影响及其带来的政策效果。

本书从发展中国家的视角出发,试图回答第一个问题,即"影响中央银行独立性的因素有哪些",①主要结论如下:

第一,在全球化背景下,发展中国家的经济制度变迁日益受到来自于由发达国家控制的主要国际经济组织的影响。20 世纪 80 年代末以来发展中国家中央银行独立的浪潮并非发展中国家自身经济自然发展而产生的需求诱致型制度变迁,换言之,发展中国家中央银行独立性的提高并不仅仅是由于这种制度安排可以在一定条件下、一定程度上抑制通胀,并不是一国国内经济运行及其相关制度自然发展的自愿要求。

发达国家在全球化过程中利用其主导地位,推行符合其意识形态和利益的经济制度模式,以便在全球化过程中获得最大的利益。

发展中国家中央银行独立性提高的原因更多地来自于由发达国家营造的外部压力,包括对国际资本(主要是 FDI)的竞争、全球网络的同化压力和来自 IMF 等国际组织与国际评级机构的压力等。当然,同时国内的各种政治经济因素也会影响到发展中国家中央银行的独立性,包括通胀偏好、利益集团及其结构、金融监管制度安排、自然失业率、政府债务、政治不稳定以及其他众多因素。比较而言,20 世纪 80 年代末以来,在比较短的时间内如此多的发展中国家提高了中央银行独立性,其动力和压力主要还是来自于国际因素,而不是国内因素。

第二,本书还对国际学术界关于中央银行独立性与通胀关系的研究进行了分析,笔者认为,中央银行独立性与通胀呈负相关关系确实存在,只是发展中国家的这种负相关关系较弱且具有敏感性。

在发展中国家,政府主导经济发展的程度更强,经济增长和就业往往是其首要的目标;政府在经济社会中缺乏成熟完善的法律制度的制约,发展中国家政府扩张货币的冲动甚至比发达国家更强烈,由此往往导致通胀的出现。时间不一致理论和政治经济周期理论中的一些基本机制和原理确实在发展中国家也同样存在,只是这种机制和原理受到更多不确定因素的干扰。

———————————

① 限于篇幅与作者的精力,本书并没有去回答第二个问题,即"中央银行独立性影响了什么"。

在此基础上，中央银行独立的制度安排也确实能够在一定程度上抑制政府扩张货币的冲动，减轻政治的原因所带来的通胀，只是这种抑制作用往往在发展中国家受到其他因素的干扰，而被减弱或者抵消，使得发展中国家中央银行独立性与通胀负相关的关系十分脆弱和敏感。

在发展中国家，中央银行独立性与通胀负相关关系高度敏感的一个重要原因在于，中央银行独立性具有很强的内生特点，许多其他的因素都直接或间接地影响着发展中国家的中央银行独立性。

中央银行独立性的提高并不仅仅是一国国内经济运行及其相关制度自然发展的要求，相反，这种提高更多地受到了全球化背景下国际因素的影响。同时，发展中国家中央银行独立性也不可避免地会受到各种国内因素的影响。因此，影响和决定中央银行独立性的因素是双重的。影响发展中国家的中央银行独立性的国际因素包括对国际资本的竞争、全球网络的同质化压力。IMF 等国际组织也在国际外部压力中扮演了重要的角色。影响发展中国家的中央银行独立性的国内因素则非常复杂，包括通胀偏好、利益集团及其结构、金融监管制度安排、自然失业率、政府债务、政治不稳定以及其他众多因素。这些因素使得发展中国家中央银行独立性与通胀呈的负相关关系非常微弱和敏感。

因此，"免费的午餐"必须在一定条件下、结合一国的具体国情才能在发展中国家实现。从政策角度来说，发展中国家的中央银行独立性并非越高越好，而应当与本国具体的社会经济条件、经济制度体系等相适应。

第三，中央银行独立性程度的变化，并非单纯是一个连续的量变的过程，从建立一个中央银行，到建立一个独立的中央银行和中央银行独立制度，再到拥有一个高度独立的中央银行，这样一个过程中间，有一个"质"的分界。这个"质"的分界就是建立起中央银行独立制度，即通过正式的法律程序确认中央银行在某种程度上的独立地位，将货币政策的部分或者全部权力授予中央银行，并正式颁布相关的中央银行法等法律进行保障。从没有中央银行独立制度到建立起中央银行独立制度，这是一个"质变"的过程，而已经建立起中央银行独立制度，在这个基础上提高中央银行的独立性程度，这是一个"量变"过程。尽管这两个过程密切相关，但是笔者认为，两者的决定因素是有区别的，中央银行独立的"质变"过程中，国际因素的影响更为重要；而中央银行独立的"量变"过程中，国内因素的影响更为重要。

附　录

◆ 附录 1 ◆

发达国家中央银行独立性与通胀关系的实证研究

研究文献	指标体系	样本国家和时间①	与通胀率的关系	备注
Bade and Parkin (1977,1988)	BP	12 个工业化国家 1951—1975 1972—1986	负相关	
Alesina （1988, 1989)	AL	16 个工业化国家 1973—1986	负相关	
Grilli, Masciandaro and Tabellini(1991)	GMT	18 个工业化国家 1950—1989	显著负相关	
Cukierman, (1992) Cukierman, Webb and Neyapti，(1992)	LVAW, QVAW, TOR	70 个工业化国家和发展中国家 1950—1989 72 个工业化国家和发展中国家 1950—1989	显著负相关	LVAW 指数下工业化国家显著负相关,但对发展中国家不显著。TOR 指数对发展中国家显著
De haan and Sturm(1992)	AL,ES, GMT	14、18 和 11 个工业化国家 1961—1978	显著负相关	包括其他变量
Alesina and Summers(1993)	AL, GMT	16 个工业化国家 1955—1988, 1973—1988	显著负相关	
Eiffinger and Schalling(1993)	AL,ES, BP, GMT	12 个工业化国家 1972—1991	显著负相关 （GMT 除外)	按月计算方差

① 有些研究包括子样本。

续表

研究文献	指标体系	样本国家和时间①	与通胀率的关系	备注
Harvilesky and Granato(1993)	AL，GMT	18个工业化国家 1955—1987	显著负相关	
De Haan and Eiffinger(1994)	AL,ES, LAVU, GMT	12,18和21个工业化国家 1972—1991, 1977—1981, 1982—1991	显著负相关	结果依赖样本国家的数量
Eiffinger and Schalling(1994)	AL，EMP, BP，GMT, ES	10个工业化国家 1977—1990	显著负相关（GMT除外）	
Frarianni and Huang(1994)	9个指数平均	15个工业化国家 1960—1990	显著负相关	
Marhubi and Willett(1995)	AL，GMT, LVAW	15个工业化国家 1960—1990	显著负相关	
Cargill(1995)	LVAW	15个工业化国家 1962—1991	无联系	统计不显著并依赖于样本国家和采用的回归方式
Cukierman and Webb (1995)	VUL	64个工业化国家和发展中国家 1950—1989	中央银行政治脆弱性与通胀显著正相关	回归中包括政治变动
Debelle and Fischer (1995)	GMT	18个工业化国家 1960—1992	与工具独立性和要求价格稳定的法令关系显著,与任命程序不显著	
De Haan (1995)	LAVW 部分	21个工业化国家 1973—1989	与工具独立性关系显著	

续表

研究文献	指标体系	样本国家和时间①	与通胀率的关系	备注
Eiffinger and Keulen(1995)	AL,ES, BP, GMT	11 个工业化国家（包括 3 个东欧国家）1982—1993	与总体样本国家无显著联系	实施中央银行法 5 年以上国家，CBI 与通胀负相关（GMT 与 ES 指标）
Jonsson(1995)	LAVU	18 个工业化国家 1961—1989	显著负相关	浮动汇率制下影响更显著
Posen(1995)	LAVU	32 个工业化国家和发展中国家 1950—1989	无联系	如果考虑金融部门反通胀效应（FOI），CBI 不影响通胀
Fujiki(1996)	LAVW	16 个工业化国家 1960—1989	负相关但不显著	一旦采用面板数据分析联系就变得微弱
Bleaney(1996)	LAVW	17 个工业化国家 1973—1989	显著负相关	
Fuhrer (1997)	LAVU,AL	70 个工业化国家和发展中国家 1950—1989	无联系	一旦加入控制变量，CBI 对通胀的影响就不显著
De Haan and Kooi (1997)	将 LAVU 和 GMT 分解成 4 个指标	21 个工业化国家 1972—1979 1980—1989	显著负相关	
Campillo and Miron (1997)	LAVW	62 个工业化国家和发展中国家 1973—1994	无联系	一旦加入新的控制变量（包括 FOI、政府最优税收等），CBI 对通胀的影响就不显著

续表

研究文献	指标体系	样本国家和时间①	与通胀率的关系	备注
Walsh(1997)	LAVU, ES	19个工业化国家 1960—1993	显著负相关	
Eiffinger et al. (1997)	LVAU, GMT, AL, ES	20个工业化国家 1972—1982 1983—1992	显著负相关	
Banaian, Burdekin and Willett(1998)	LAVU	27个工业化国家和发展中国家 1980—1989	无联系	
Mangano(1998)	LVAU, GMT, AL, ES, TOR, VUL	12个工业化国家 6个指标采用同一样本 1980—1989	无联系	只有AL和GMT两个指标统计显著
Franzese(1999)	LVAU, GMT, BP	18个工业化国家 1955—1990	显著负相关	即使考虑金融部门反通胀效应（FOI），关系仍然显著
Oatley (1999)	LVAW, TOR, GMT, AL,	21个工业化国家 1970—1990	显著负相关	即使加入控制变量，关系仍然显著。但结果依赖于指标选择
Arnone, Laurens and Segalotto (2006)	GMT, LVAW, LVAU	20个工业化国家 12个新兴市场国家 10个发展中国家 1992—2003	显著负相关	

资料来源：作者搜集整理。

◆ 附录 2 ◆

发展中国家中央银行独立性
与通胀关系的实证研究

研究文献	指标体系	样本国家和时间	与通胀率的关系	备注
Cukierman，(1992) Cukierman，Webb and Neyapti，(1993)	LVAW，QVAW，TOR	70 个工业化国家和发展中国家 1950—1989 72 个工业化国家和发展中国家 1950—1989	微弱负相关	LVAW 指数下工业化国家显著负相关,但对发展中国家不显著。TOR 指数对发展中国家显著
DeHaan and Siermann(1994)	TOR	43 个发展中国家 1950—1989	负相关	考虑政治不稳定因素
Cukierman and Webb (1995)	政治脆弱性	64 个工业化国家和发展中国家 1950—1989	中央银行政治脆弱性与通胀显著正相关	回归中包括政治脆弱性
Posen(1995)	LAVU	32 个工业化国家和发展中国家 1950—1989	无联系[①]	如果考虑金融部门反通胀效应(FOI),CBI 不影响通胀

---

　　① 坡森(Posen,1993)对于发展中国家中央银行独立性的实证研究认为,由于发展中国家大多面临的是铸币税型通货膨胀,政府将从铸币税中得到的一部分实际收入分配给某些人以提高其福利水平,因此提高中央银行独立性以抑制通货膨胀的措施需要权衡决定。至于铸币税动机引发的恶性通货膨胀则往往通过财政政策的改革加以平息。他通过将中央银行独立性与铸币税型时间不一致引发的通货膨胀率进行多种回归分析,发现二者之间并没有显著的负相关关系,从而在一定程度上证明了提高中央银行独立性对于治理铸币税型的通货膨胀没有明显的作用。

续表

研究文献	指标体系	样本国家和时间	与通胀率的关系	备注
Fuhrer (1997)	LAVU,AS	70 个工业化国家和发展中国家 1950—1989	微弱负相关	一旦加入控制变量，CBI 对通胀的影响就不显著
Campillo and Miron (1997)	LAVW	62 个工业化国家和发展中国家 1973—1994	微弱负相关	一旦加入新的控制变量（包括 FOI、政府最优税收等），CBI 对通胀的影响就不显著
Banaian, Burdekin and Willett (1998)	LAVU	27 个工业化国家和发展中国家 1980—1989	无联系	
Lybek (1999)	作者设计指标，TOR	15 个东欧（原苏联）国家	负相关	
De Haan and Kooi (2000)	TOR	97 个发展中国家	负相关	
Strumand De Haan (2000)	TOR	97 个发展中国家	微弱负相关	排除高通胀国家后才显著
Cukierman, Webb and Neyapti (2002)	LVAW, LVAU	26 个原社会主义转型国家 1980—1990	正相关①	私有化和自由化充分后负相关关系才显著

① 库克曼等(2002)对 26 个前社会主义国家的研究发现，中央银行独立性与通货膨胀负相关并不总是成立，有时甚至具有正相关关系。这是因为在转轨初期，上述国家为了增强经济上的可信度以获得国际资本的支持，赋予中央银行很强的法律独立性，甚至高于发达国家 20 世纪 80 年代的水平，而同时由于国内自由化程度很低，中央银行即使在法律上享有高度独立性，也不具有对物价的控制能力，因此这一时期的中央银行独立性与通货膨胀率表现出正相关关系。

续表

研究文献	指标体系	样本国家和时间	与通胀率的关系	备注
Jacomeand Vazquez(2005)	GMT，LVAW	24 个拉美和加勒比地区国家	负相关	
Arnone，Laurens and Segalotto(2006)	GMT，LVAW，LVAU	20 个工业化国家 12 个新兴市场国家 10 个发展中国家 1992—2003	较弱负相关	

资料来源:作者搜集整理。

◆ 附录 3 ◆

中央银行独立性与经济增长关系的研究

研究文献	经济增长	经济增长波动	样本国家
Grilli，Masciandaro and Tabellini (1991)	无联系	无联系	工业化国家
De haan and Sturm(1992)	无联系	无联系	工业化国家
De Long and Summers(1992)	正相关(控制其他变量后)		工业化国家
Alesina and Summers(1993)	无联系	无联系	
Cukierman et al. (1993)	TOR 指数显著正相关,其他指数无联系	TOR 指数显著负相关,其他指数无联系	工业化国家和发展中国家
Eiffinger and Schalling(1993)	无联系	无联系	工业化国家

续表

研究文献	经济增长	经济增长波动	样本国家
De Haan and Eiffinger(1994)	无联系	无联系	工业化国家
Frarianni and Huang(1994)	无联系	无联系	工业化国家
Cukierman and Webb(1995)	正相关（政治变动指数）		工业化国家和发展中国家
Fujiki(1996)	正相关（在部分回归分析中）		工业化国家
Jordan(1998)	无联系		工业化国家
Akhand(1998)	正相关但高度敏感		工业化国家和发展中国家
De Haan and Kooi (2000)	无联系		发展中国家
Borrero(2001)	正相关（长期中）负相关（短期中）		
Obben(2006)	正相关（长期中）		工业化国家和发展中国家

资料来源：作者搜集整理。

◆ 附录 4 ◆

发展中国家的中央银行
独立与吸引 FDI 的竞争优势[①]

年份	评级[②]	中央银行独立程度最低的25％的国家 FDI 占本组的比例	中央银行独立程度最高的25％的国家 FDI 占本组的比例
1990	未评级	20.1％	26.3％
1990	B	16.7％	28.6％
1990	BB	32.1％	43％
1990	BBB	25.6％	29.3％
1991	未评级	27％	21.2％
1991	B	18.7％	31.5％
1991	BB	15.3％	26.3％
1991	BBB	20.1％	29.7％
1992	未评级	16.3％	23.5％
1992	B	28.2％	29.6％
1992	BB	21.7％	35.6％
1992	BBB	20.1％	32.6％
1993	未评级	19.6％	22.5％

①　发展中国家中央银行独立性仍采用 Cukierman 的法律独立性指标，数据来源于波利罗和古林(Polillo and Guillen,2005)、考沃和米德(Crowe and Meade,2007)、库克曼、米勒和乃亚地(Cukierman, Miller and Neyapti,2002)、库克曼、韦伯和乃亚地(Cukierman, Webb and Neyapti,1992)。FDI 数据来源于世界银行(http://data.worldbank.org/)和部分国家政府部门网站。标准普尔的主权信用债券评级数据来源于标准普尔公司网站 (http://www. standardandpoors.com/home/en/ap)。

②　标准普尔评级包括字母和加减号，例如"BB＋"。本书为增加分组国家数量，省略了加减号，比如将"B＋"与"B－"作为同一评级为"B"。

续表

年份	评级②	中央银行独立程度最低的25％的国家 FDI 占本组的比例	中央银行独立程度最高的25％的国家 FDI 占本组的比例
1993	B	29.1％	35.9％
1993	BB	20％	30.6％
1993	BBB	19.7％	33.4％
1994	未评级	15.2％	31.6％
1994	B	18.5％	43.3％
1994	BB	23.4％	38.6％
1994	BBB	24.3％	37.5 ％
1995	未评级	12.8％	30.3％
1995	B	17.6％	40.2％
1995	BB	19.6％	41.5％
1995	BBB	21.5％	39.6％
1995	A	13.7％	48.6％
1996	未评级	11.9％	30.7％
1996	B	20.1％	32.6％
1996	BB	18.7％	42.3％
1996	BBB	17.1％	40.5％
1996	A	12.8％	32.5％
1997	未评级	10.1％	35.5％
1997	B	17.1％	42.3％
1997	BB	16.8％	48.1％
1997	BBB	14.1％	45.7％
1997	A	11.1％	38％
1998	未评级	8.7％	34.7％
1998	B	16％	41.6％

续表

年份	评级[②]	中央银行独立程度最低的25%的国家 FDI 占本组的比例	中央银行独立程度最高的25%的国家 FDI 占本组的比例
1998	BB	15.8%	47.1%
1998	BBB	15.7%	43.9%
1998	A	11.1%	40.2%
1999	未评级	9.5%	36.9%
1999	B	13.7%	49.2%
1999	BB	12.3%	47.1%
1999	BBB	10.6%	49.6%
1999	A	10.3%	50.6%
2000	未评级	9.1%	41.5%
2000	B	14%	51.6%
2000	BB	13.2%	49.1%
2000	BBB	11.7%	44.1%
2000	A	12.1%	43%

◆ 附录 5 ◆

中央银行独立的内生授权模型
动态分析的阶段划分

第1阶段	第2阶段	第3阶段	第4阶段	第5阶段	第6阶段
执政党选择中央银行独立性的程度。	政府提出向公众发行一定数量的债券。	进行选举并在需要的情况下完成政府更替。	名义工资合同确定（在 π^e 的基础上）。	政府对自然失业率的干预效应实现（即 x 实现）。	执政党决定是否背弃其物价稳定承诺，如果是的话再决定通货膨胀率 π。

一、目标函数

在第一阶段，执政党的目标是最大化以下函数：

$$as(1-n) + \beta E[\ x(\pi-\pi^e) + \partial Bs\pi + (1-\partial)bs\pi - d\pi^2/2 - \partial c(x)\ ] \tag{1}$$

其中，$B > b \geqslant 0, \beta \geqslant 1, \partial \geqslant 0, x > 0$

其中，在第 6 阶段，如果执政政府遵守承诺、维持中央银行的独立性，则：$c(x)=0$；在第 6 阶段，如果执政政府遵守承诺，维持中央银行的独立性，则：$c(x)=c$ 。

在(1)式中，s 代表在第二阶段，执政政府所希望发行并售出的债券数量（外生变量）。n 代表必要的名义利率，这个名义利率能够使公众买入政府发行的债券额度。政府债券由于采用折扣的形式，政府实际获得资金为 $s(1-n)$。a 为参数，代表发行债券融资对于执政政府的价值的大小。

由于其他的成本和收益都在第 6 阶段实现，时间的变化将导致价值的改变，因此对这些因素加入政治折扣系数 β。π 和 π^e 分别代表实际通货膨胀率和预期的通货膨胀率，$\pi-\pi^e$ 代表在第 6 阶段名义工资合同确定后公众预期之外的通货膨胀偏差值，预期之外的通货膨胀可以对就业和产出产生积极的影响。x 是随机参数,它代表预期外通货膨胀对就业和产出的刺激效应对于执政政府的价值大小,也可以将 x 视为自然失业率的一个指标,这是由于自然失业率越高,预期外通胀对于执政政府的价值就越大,x 也就越大。这里,$x>0$ 的理由是基于这样一个假设,即由于工会和最低工资法的干预,劳动力市场中实际工资高于市场出清工资,自然就业率水平总是比期望就业率要低,通货膨胀偏差总是存在。另外,x 也衡量了在一个给定党派内主张货币扩张刺激就业与主张价格稳定两种力量的对比情况。x 在第5阶段之前是不确定的,因此从第一阶段,即执政党对中央银行独立性程度进行选择的阶段来看,x 是一个随机变量。这样,在(1)式中,加入 E 来代表预期价值。

∂ 是执政党派再次当选并执政的可能性,$s\pi$ 代表通胀带来的政府债券的实际价值缩水的量。$Bs\pi$ 和 $bs\pi$ 代表政党在执政时期和不执政时期政府债券的实际价值缩水的量,这里 $B>b$ 说明政府债券的实际价值缩水对执政党来说更有价值,这个假设基于如下观点:作为在野党都不希望执政党在公共物品上能够比较任意地支出,所以在不执政的情况下,两个党派都希望中央银行有更高的独立性,这样执政党派依据自己的偏好进行公共支出的能力就会受到削弱。$d\pi^2/2$ 代表通货膨胀的成本,d 为正值参数,代表每个党派所承担的通货膨胀的成本的严重程度。

最后,c 是指在第6阶段执政党如果决定背弃其价格稳定的承诺,干预中央银行独立所付出的政治成本。第一阶段中央银行获得的独立性越高,c 作为固定成本就越大。∂c 是指只有在执政时期才可能会产生背弃行为而发生这种成本,如果不是执政党就不可能产生这种成本。

二、动态阶段

(1)执政党授权给中央银行独立性的程度体现在 c 中,这是在选举之前决定的。而 x 是已知的。执政党必须衡量赋予中央银行独立性的收益和成本。(2)目标函数受到所有6个阶段的影响,但其要素的确定只在两个阶段:$as(1-n)$ 的确定在第2阶段,其他都在第6阶段,而 β 可以看作是从第2阶段一直到第6阶段的系数。(3)执政政府的决策确定在第1阶段和第6阶段,公众的决策确定在第3阶段和第4阶段并延伸到第5阶段。(4)在第6阶段,政府债券得以赎回。

三、均衡分析

1.事后政府对中央银行独立性的影响

与时间顺序相反，从后向前分析比较方便。首先从第 6 阶段开始分析。在第 6 阶段，选举结果已经得出，经济状况(x)也已知道，中央银行独立性程度和政府债券数量都已经确定。政府的目标函数由(1)式变为：

$$\underset{\pi}{\text{Max}}(\pi-\pi^{e})+Bs\pi-d\pi^{2}/2\equiv\underset{\pi}{\text{Max}}V(\pi,x) \tag{2}$$

如果执政政府决定背弃其承诺而对削弱中央银行独立性，则需要求得通货膨胀率，对 π 求导，得：

$$\pi_{D}(x)=(x+Bs)/d \tag{3}$$

π_{D} 为执政政府背弃行为所选择的通货膨胀，D 是指"任意条件"即政府的背弃行为可以采取任何方式来实现。

第 6 阶段执政政府可能出现背弃其承诺而对削弱中央银行独立性的情况，但是也可能继续遵守承诺，继续维持中央银行的独立性。在后一种情况下，中央银行将价格稳定作为其首要目标，可以近似地认为 $\pi=0$。那么，政府在什么样的条件下会背弃自己的承诺，干预中央银行政策，削弱其独立性呢？这首先要计算政府选择背弃时的目标价值，将(3)式代入(2)式得：

$$V(\pi_{D},x)=-x\pi^{e}+Bs\pi-d\pi^{2}/2 \tag{4}$$

遵守承诺的目标价值为：$V(0,x)$，当且仅当

$$V(\pi_{D},x)-V(0,x)>c \tag{5}$$

时，即当执政政府背弃其承诺所获得的价值减去遵守承诺所获得的价值大于其背弃行为所付出的政治成本时，执政政府就会选择背弃行为。

从(2)式得：$V(0,x)=-x\pi^{e}$。将(4)式代入(5)式得：

$$x>\sqrt{2dc}-Bs\equiv x_{c} \tag{6}$$

(6)式说明，当自然失业率水平充分高时，也就是当 x 充分高时，政府会选择背弃承诺，削弱中央银行的独立性。但是 x 越大，政府背弃情况下所需要付出的成本也更大，也就是 c 更大。

2. 名义工资合同与预期均衡

名义工资合同在第 4 阶段确定，其影响则一直持续到最后阶段。预期通胀 π^{e} 越高，合同名义工资就越高。为简单方便，这里使用 π^{e} 来代表合同名义工资。在第 4 阶段个人还不能确定 x，但是公众能够了解政府可能对于 x 所做出的决策规律，公众可以用它来计算通胀的预期价值。这个预期价值

表示为：

$$\pi^e \equiv E_x[\pi x_c] = \int_0^{xc} 0 \times dF(x) + \int_{xc}^{\infty} \pi_D(x)F(x)$$

$$= \frac{1}{d}\left\{\int_{xc}^{\infty} x \, F(x) + Bs\int_{xc}^{\infty} dF(x)\right\} \tag{7}$$

这里，$F(x)$ 是 x 的分布函数。

由于在(6)式中，x_c 是中央银行独立性的增函数，式(7)意味着中央银行独立性越高，通胀预期就越低。

3. 政府债券折扣

设

$$S(r) = K + \alpha r, \alpha > 0 \tag{8}$$

这里 K 为截距，S 是政府发行债券的数量(债券的名义价值)。在第 2 阶段，政府需要发行一定数量的债券，r 代表先行支付的实际利率。要达到政府希望发行的债券数量，实际利率应当为：

$$r = (S - K)/\alpha \tag{9}$$

在当选执政的情况下，两党在第 6 阶段的决策规则是一样的，因此，通胀预期在选举前与选举后是一样的。公众将在(9)式中的实际利率上再加上一个通胀预期补偿，这样就产生了名义利率 n。名义利率 n 为：

$$n = r + \pi^e = (S - K)/\alpha + \pi^e \tag{10}$$

由于政府债券以贴现债券的形式发行，更高的名义利率意味着在 s 一定的情况下，政府实际获得的资金更少。

4. 中央银行独立性的决定

中央银行独立性程度，即 c 在第 1 阶段由执政党进行选择，在其选择的时点上执政党不能确定是否能再次当选并继续执政，也不能确定选举后的 x。较高的中央银行独立性能够降低 π^e，从而带来收益。这种收益可以从(1)式与(10)式中看出，较低的通胀预期减少了政府发行债券的折扣，也意味着更低的名义工资。但是较高的中央银行独立性也有成本，政府货币政策的灵活度降低，并因此要为一定时期的灵活政策付出政治成本；较高的中央银行独立性也减少了政府债券发行后的缩水程度。较高的中央银行独立性使得政府获得了可信度，但是损失了灵活度。中央银行独立性的决定正是在这种可信度与灵活度之间的最优权衡。

政府在第 1 阶段选择 c 以最大化其目标函数，即(1)式。根据(1)式与(3)式、(6)式、(7)式和(10)式的关系，将(7)式和(10)式代入(1)式，去掉与 c

无关的项，再排列后得：

$$\text{Max } J(\cdot) \equiv \text{Max } (as + \beta E)/d \left[\int_{xc}^{\infty} xF(x) + Bs \int_{xc}^{\infty} dF(x) \right] +$$

$$\beta \int_{Xc}^{\infty} \left[\frac{1}{d}(x + Bs) \left\{ \frac{x}{2} + \left[(1-\partial)b + \left(\partial - \frac{1}{2}\right)B \right] s \right\} - \partial c(x) \right] dF(x)$$

$$(11)$$

x_c 在(6)式中给出，代入(11)式并再排列后，内部最大化的条件为：

$$J_c(\cdot) = \left[as + \beta \left\{ Ex + (1-\partial)[(B-b)s - \sqrt{dc/2}] \right\} \right] f(x_c) -$$

$$\beta \partial \int_{xc}^{\infty} dF(x) = 0 \qquad (12)$$

(12)式决定了中央银行的独立性水平，再解出 c：

$$c = \frac{d}{2} \times \left\{ (B-b)s - \left[\left(\partial \int_{xc}^{\infty} dF(x) / f(x_c) - as/\beta - Ex \right] (1-\partial) \right\}^2$$

$$(13)$$

◆ 附录 6 ◆

泰国的政治变动、政治体制和中央银行行长

政府主要领导人	政治体制	中央银行行长
銮披汶·颂堪(Plaek Phibunsongkhram)(1938—1944)	军人政权	Viwat—anachaichaiyan(1942—1946)
宽·阿派旺（Kuang Aphaiwong）(1944—1945)	半民主体制	
塔维·博尼亚克特（Thavee Bunyaket）(1945)	民主体制	Serm Winijaikul(1946—1947)
社尼·巴莫（Seni Pramoj）(1945—1946)		
宽·阿派旺（Kuang Aphaiwong）(1946)		
比里·帕侬荣（Pridi Banomyong）(1946)		
銮探隆(Thawal Thamrongnawasawat)(1946—1947)		
宽·阿派旺（Kuang Aphaiwong）(1947—1948)	军人政权	Laeng Srisomwongse(1947—1948)
銮披汶·颂堪(Plaek Phibunsongkhram)(1948—1957)		Viwat—anachaichaiyan(1948) Laeng Srisomwongse(1948—1949) Dej Santivong(1949—1952) Serm Winijaikul(1952—1955) Kasem Srihpayak(1955—1958)
波特·沙拉辛(Poj Sarasin)(1957)		

续表

政府主要领导人	政治体制	中央银行行长
他侬·吉滴卡宗（Thanom Kittikachorn）（1958—1959）	军人政权	Jote Guna－Kasem (1958—1959)
沙立·他那叻（Sarit Thanarat）（1959—1963）		Puey Ungphakorn (1959—1971)
他侬·吉滴卡宗（Thanom Kittikachorn）（1963—1973）		Bisudhi Nimmanhaemin (1971—1975)
桑亚·哈马萨克提（Sanya Thammasak）（1973—1975）	民主体制	Snoh Unakul (1975—1979)
社尼·巴莫（Seni Pramoj）（1975）		
克立·巴莫（Kukrit Pramoj）（1975—1976）		
社尼·巴莫（Seni Pramoj）（1976）		
他宁·盖威迁（Thanin Kraivichien）（1976—1977）	军人政权	
江萨·差玛南（Kriangsak Chamanan）（1977—1979）	半民主体制	
炳·廷素拉暖（Prem Tinsulanond）（1979—1987）		Nukun Prachuabmoh (1979—1984) Kamchorn Sathirakul (1984—1990) Chavalit Thanachanan (1990) Vijit Supanit (1990—1996)
差猜·春哈旺（Chatchai Shunhanan）（1988—1991）	民主体制	
阿南·班雅拉春（Anand Panyarachun）（1991—1992）	军人政权	
苏钦达·甲巴允（Suchinda Krapayoon）（1992）		
阿南·班雅拉春（Anand Panyarachun）（1992）		
川·立派（Chuan Leekpai）（1992—1995）	民主体制	

续表

政府主要领导人	政治体制	中央银行行长
Barnharn Silapaarcha（1995）		
Chavalit（1996—1997）		Rerngchai Marakanond（1996—1997）
川·立派（Chuan Leekpai）（1997—2000）		Chaiyawat Wibulswasdi（1997—1998） Chatu Mongol Sonakul（1998—2001）
他信·西那瓦（Thaksin Shinawatra）（2001—2006）		Pridiyathorn Devakula（2001—2006）
颂提·汶雅叻格林（Sonthi Boonyaratglin）（2006）	军人政权	
素拉育·朱拉暖（Surayud Chulanon）（2006—2008）	民主体制	Tarisa Watanagase（2006—2010）
沙马·顺达卫（Saman Sundaravej）（2008）		
阿披实·维乍集瓦（Aphisit Wetchachiwa）（2008—2011）		Prasarn Trairatvorakul（2010—）
英拉·西那瓦（Yinglak Shinawatra）（2011.7—）		

资料来源：泰国中央银行官方网站和作者整理。

◆附录 7◆

印度尼西亚中央银行历任行长与主要政府

Sjafruddin Prawiranegara(1953—1958)	
Loekman Hakim(1958—1959)	
Soetikno Slamet(1959—1960)	苏加诺政府(1945—1966)
Soemarno(1960—1963)	
T. Jusuf Muda Dalam (1963—1966)	
Radius Prawiro (1966—1973)	
Rachmat Saleh (1973—1983)	
Arifin Siregar (1983—1988)	苏哈托政府(1966—1998)
Adrianus Mooy (1988—1993)	
J. Soedradjad Djiwandono (1993—1998)	
Syahril Sabirin (1998—2003)	哈比比政府(1998—1999) 瓦希德政府(1999—2001)
Burhanuddin Abdullah (2003—2008)	
Boediono (2008—2009)	梅加瓦蒂(2001—2004) 苏西洛(2004—)
Darmin Nasution (2009—)	

资料来源：印尼中央银行官方网站和作者整理。

◆ 附录 8 ◆

印尼中央银行的法律独立性水平

	变量描述	1953年第11号法令	1955年第11号法令	1958年第84号法令	1968年第13号法令	1999年第23号法令	2004年第3号法令
1	中央银行行长人事安排：	0.31	0.31	0.31	0.36	0.71	0.71
	任期	0.50	0.50	0.50	0.50	0.50	0.50
	谁任命	0.25	0.25	0.25	0.25	0.50	0.50
	免职	0.00	0.00	0.00	0.17	0.83	0.83
	行长是否可以兼任其他政府部门职务	0.50	0.50	0.50	0.50	1.00	1.00
2	政策决定：	0.27	0.27	0.27	0.27	0.75	0.75
	谁拟定货币政策	0.67	0.67	0.67	0.67	1.00	1.00
	发生冲突时谁有最终决定权	0.20	0.20	0.20	0.20	1.00	1.00
	在政府预算中的角色	0.00	0.00	0.00	0.00	0.00	0.00
3	目标	0.40	0.40	0.40	0.40	0.60	0.60
4	给予政府融资的限制：	0.46	0.50	0.46	0.09	0.81	0.57
	非有价证券融资	0.67	0.67	0.67	0.00	1.00	1.00
	有价证券融资	0.00	0.00	0.00	0.00	0.00	0.67
	融资期限	0.67	0.67	0.67	0.33	1.00	0.33
	潜在的借款方	1.00	0.67	1.00	0.00	0.00	0.00
	融资界定	0.33	0.33	0.33	0.00	1.00	0.00
	偿还期限	0.00	0.00	0.00	0.00	0.00	0.67
	利率限制	0.25	0.25	0.25	0.50	0.25	0.75
	是否禁止中央银行在初级市场买卖政府债券	0.00	0.00	0.00	0.00	1.00	0.00

续表

	变量描述	1953年第11号法令	1955年第11号法令	1958年第84号法令	1968年第13号法令	1999年第23号法令	2004年第3号法令
5	财政独立：	0.83	0.83	0.83	0.67	0.83	0.67
	中央银行自身预算的决定	0.50	0.50	0.50	0.50	1.00	0.50
	中央银行利润的分配	1.00	1.00	1.00	0.50	1.00	1.00
	谁为中央银行的亏损负责	1.00	1.00	1.00	1.00	0.50	0.50
平均		0.46	0.47	0.46	0.28	0.77	0.65

资料来源：I Kadek Dian Sutrisna Arthaa and Jakob de Haana：Legal and Actual Central Bank Independence：A Case Study of Bank Indonesia. (http://ideas. repec. org/p/dgr/rugsom/10004.html)。

◆ 附录 9 ◆

印尼中央银行的实际独立性水平(1953—2010)

	变量描述	1953—1958	1958—1966	1966—1982	1982—1997	1997—2004	2004—2010
1	中央银行行长人事安排：	0.77	0.56	0.68	0.62	0.91	0.79
	任期	0.92	0.50	0.35	0.00	1.00	1.00
	中央银行行长的背景	0.29	0.18	0.51	0.52	0.65	0.25
	免职	0.86	0.69	0.95	0.96	1.00	0.90
	中央银行行长兼任其他职务情况	1.00	0.86	0.88	1.00	1.00	1.00

续表

	变量描述	1953 — 1958	1958 — 1966	1966 — 1982	1982 — 1997	1997 — 2004	2004 — 2010
2	政策决定： 汇率体制和资本流动性 银行监管和银行破产准 备金 通胀与汇率目标决定	0.14 0.56 0.00 0.00	0.38 0.67 0.43 0.00	0.25 1.00 0.00 0.00	0.20 0.81 0.00 0.00	0.50 0.00 0.50 1.00	0.25 0.00 0.50 0.00
3	目标	0.00	0.00	0.00	0.52	1.00	1.00
4	给予政府融资的限制： 政府赤字/盈余占 GDP 比重 金融市场发展 融资期限 潜在的借款方 融资界定 偿还期限 利率限制 中央银行在初级市场买 卖政府债券的流转税	0.44 0.61 0.00 0.67 0.50 0.50 0.33 0.50 0.00	0.33 0.28 0.00 0.67 0.50 0.50 0.33 0.50 0.00	0.39 0.55 0.19 0.37 0.06 0.06 0.65 0.50 0.00	0.56 0.71 0.61 0.33 0.03 0.03 0.67 0.50 1.00	0.60 0.74 0.80 0.00 0.50 0.50 0.67 0.75 1.00	0.56 0.67 0.75 0.00 0.50 0.50 0.67 0.75 0.80
5	财政独立： 中央银行自身预算的决 定 中央银行利润与亏损的 比值 中央银行的实际资本	0.83 0.50 1.00 1.00	0.83 0.50 1.00 1.00	0.83 0.50 1.00 1.00	0.83 0.50 1.00 1.00	1.00 1.00 1.00 1.00	0.77 1.00 0.80 0.50
平均		0.54	0.47	0.51	0.60	0.78	0.66

资料来源：I Kadek Dian Sutrisna Arthaa and Jakob de Haana：Legal and Actual Central Bank Independence：A Case Study of Bank Indonesia. (http：//ideas. repec. org/p/dgr/rugsom/10004.html) 以及本书根据印尼中央银行官方网站资料整理计算。

◆ 参考文献 ◆

英文参考文献：

[1] Alesina, Alberto. 1987. Macroeconomic Policy in a Two-Party System as a Repeated Game. The Quarterly Journal of Economics 102 (3):651-78.

[2] Alesina, Alberto. 1988. Macroeconomics and Politics. In NBER Macreoeconomics Annual. Cambridge, MA：Cambridge University Press.

[3] Alesina, Alberto, and Roberta Gatti.1995. Independent Central Banks：Low Inflation at No Cost? The American Economic Review 85 (2), Papers and Proceedings of the Hundredth and Seventh Annual Meeting of the American Economic Association Washington, DC, January 6-8, 1995):196-200.

[4] Alesina, Alberto, James Mirrlees, and Manfred J. M. Neumann. 1989. Politics and Business Cycles in Industrial Democracies. Economic Policy 4 (8):55-98.

[5] Alesina, Alberto, Sule Ozler, Nouriel Roubini, and Phill Swagel. 1992. Political Instability and Economic Growth. In NBER Working Paper 4173. Cambridge, MA：National Bureau of Economic Research.

[6] Alesina, Alberto, and Howard Rosenthal. 1989. Partisan Cycles in Congressional Elections and the Macroeconomy. The American Political Science Review 83 (2):373-98.

[7] Alfaro, Laura, Areendam Chanda, Sebnem Kalemli－Ozcan, and Selin Sayek. 2004. FDI and Economic Growth, The Role of Local Financial

Markets. Journal of International Economics 64:113-34.

[8] Alfaro, Lauraetc.2007. How Does Foreign Direct Investment Promote Economic Growth? Exploring The Effects Of Financial Markets On Linkages. In Proceedings of the German Development Economics Conference No. 28. Göttingen.

[9] Arnone, Marco, Bernard J. Laurens, and Jean-Francois Segalotto. 2006. The Measurement of Central Bank Autonomy: Survey of Models, Indicators, and Empirical Evidence. In IMF Working Paper, WP/06/227. Washington, DC: International Monetary Fund.

[10] Bagheri, Fatholla M., and Nader Habibi. 1998. Political Institutions and Central Bank Independence: A Cross-Country Analysis. Public Choice 96 (1/2):1987-204.

[11] Baghueru, Fatholla M., and Nader Habibi. 1998. Political Institutions and Central Bank Independence: A Cross—Country Analysis. Public Choice 96:1987-204.

[12] Barro, Robert J. 1986. Recent Developments in the Theory of Rules versus Discretion. Economic Journal 96 (Supplement):23-37.

[13] Barro, Robert J. and David Gordon. A Positive Theory of Monetary Policy in a Natural Rate Model. Journal of Political Economy 91:589-610.

[14] Barro, Robert J. and David Gordon. Rules, Discretion and Reputation in a Model of Monetary Policy. Journal of Political Economy 91 (4):101-21.

[15] Berger, Helge, Jakob De Haan, and Sylvester C. W. Eijffinger. 2001. Central Bank Independence: An Update of Theory and Evidence. Journal of Economic Surveys 15 (1):3-40.

[16] Bernhard, Michael, Timothy Nordstrom, and Christopher Reenock. 20.

[17] Economic Performance, Institutional Intermediation, and Democratic Survival. The Journal of Politics 63 (3):775-803.

[18] Bernhard, William. 1998. A Political Explanation of Variations in Central Bank Independence. American Political Science Review 92 (2):311-27.

[19] Bernhard, William. 2002. Banking on Reform. Political Parties and Central Bank Independence in the Industrial Democracies. Ann Arbor, MI: University of Michigan Press.

[20] Bernhard, William, J. Lawrence Broz, and William Roberts Clark. 2002. The Political Economy of Monetary Institutions. International Organization 56 (4, The Political Economy of Monetary Institutions):693-723.

[21] Blanco, Javier. 1998. "El Banco Central Quiere Más Poder. Con lareforma de su carta orgánica, la entidad ganaría fortaleza." La Nación, April 19.

[22] Blinder, Alan S. 2000. Central-Bank Credibility: Why Do We Care? How Do We Build It? American Economic Review 90 (5):1421-31.

[23] Blomstrom, Magnus, Robert E. Lipsey, and Mario Zejan. 1994. WhatExplains Developing Country Growth? In Convergence of Productivity: Cross-national Studies and Historical Evidence, ed. W. Baumol, R. Nelson and E. Wolff. New York, NY: Oxford University Press.

[24] Campillo, Marta, and Jeffrey A. Miron. 1997. Why Does Inflation Differ Across Countries? In Reducing Inflation: Motivation and Strategy, ed. C. D. Romer and D. H. Romer. Chicago, IL: University of Chicago Press.

[25] Cardoso, Eliana A., and Rudiger Dornbusch. 1989. Foreign PrivateCapital Flows. In Handbook of Development Economics, ed. H. Chenery and T. N. Srinivasan. Amsterdam: North-Holland.

[26] Chinn, Menzie, and Hiro Ito. 2008. A New Measure of Financial Openness. Journal of Comparative Policy Analysis 10 (3):309-22.

[27] Crowe, Christopher W. 2006. Goal－Independent Central Banks: Why

Politicians Decide to Delegate. In IMF Working Paper, WP/06/256.Washington, DC: International Monetary Fund.

[28] Crowe, Christopher W., and Ellen E. Meade. 2007. Evolution of Central Bank Governance around the World. Journal of Economic Perspectives 21 (4):69-90.

[29] Cukierman, Alex. 1992. Central Bank Strategy, Credibility and Independence: Theory and Evidence. Cambridge, MA: The MIT Press.

[30] Cukierman, Alex. 1998. The Economics of Central Banking. In Contemporary Economic Issues. Macroeconomics and Finance (IEA conference volume 125), ed. H. Wolf: The MacMillan Press.

[31] Cukierman, Alex, Sebastian Edwards, and Guido Tabellini. 1991. Seignorage and Political Instability. American Economic Review 82 (3):537-55.

[32] Cukierman, Alex, Geoffrey P. Miller, and Bilin Neyapti. 2002. Central Bank Reform, Liberalization, and Inflation in Transition Economies. An International Perspective. Journal of Monetary Economics 49 (2):237-64.

[33] Cukierman, Alex, and Michael C. Webb. 1995. Political Influence on the Central Bank: International Evidence. The World Bank Economic Review 9 (3):397-423.

[34] Cukierman, Alex, Steven B. Webb, and Bilin Neyapti. 1992. Measuring the Independence of Central Banks and Its Effect on Policy Outcome. The World Bank Economic Review 6 (1):353-98.

[35] De Haan, Jakob, and Willem J. Kooi. 2000. Does Central Bank Independence Really Matter? New Evidence for Developing Countries Using a New Indicator. Journal of Banking and Finance 24 (4):643-64.

[36] De Haan, Jakob, Donato Masciandaro, and Marc Quintyn. 2008. DoesCentral Bank Independence Still Matter? European Journal of

Political Economy 24 (4):717-21.

[37] De Haan, Jakob, and Clemens L. J. Siermann. 1996. Central Bank Independence, Inflation, and Political Instability in Developing Countries. Journal of Policy Reform 1 (2):135-47.

[38] De Haan, Jakob, and Gert — Jan Van't Hag. 1995. Variation in Central Bank Independence Across Countries: Some Provisional Empirical Evidence Public Choice 85 (3—4):335—51.

[39] De Jong, Eelke 2002. Why are Price Stability and Statutory Independence of Central Banks Negatively Correlated? The Role of Culture. European Journal of Political Economy 18:675-94.

[40] Debelle, Guy, and Stanley Fischer. 1994. How Independent Should a Central Bank Be? In Conference Series. Boston, MA: Federal Reserve Bank of Boston.

[41] Debelle, Guy, and Stanley Fischer. 1995. How Independent Should a Central Bank Be? In Goals, 335. Guidelines and Constraints Facing Monetary Policymakers, ed. J. C. Fuhrer. Boston, MA: Federal Reserve Bank of Boston.

[42] Deeg, Richard, and Susanne Lütz. 2000. Internationalization and Financial Federalism. The United States and Germany at the Crossroads? . Comparative Political Studies 33 (3):374-405

[43] Eijffinger, Sylvester C. W., and Jakob de Haan. 1996. The Political Economy of Central Bank Independence. In Princeton Special Papers in International Economics, No. 19. Princeton, NJ: Princeton University.

[44] Eijffinger, Sylvester C. W., and Eric Schaling. 1997. The Ultimate Determinants of Central Bank Independence. In Positive Political Economy: Theory and Evidence, ed. S. C. W. Eijffinger and H. Huizinga. Cambridge, MA: Cambridge University Press.

[45] Fidler, Stephen. 2001. "Indonesia's central bank plans 'put IMF loans at risk'." Financial Times, Feb. 9, 2001.

［46］ Financial Standards Foundation. 2008a. Best Practice Report — Argentina. In eStandards Forum. New York, NY: Financial Standards Foundation.

［47］ Financial Standards Foundation. 2008b. Best Practice Report — Brazil. In eStandards Forum. New York, NY: Financial Standards Foundation.

［48］Financial Standards Foundation. 2009a. Best Practice Report—Iran. In eStandards Forum. New York, NY: Financial Standards Foundation.

［49］ Financial Standards Foundation. 2009. eStandardsForum. Financial Standards Foundation 2009b \［cited 08/20 2009\］. Available from http://www.estandardsforum.org/jhtml/rm/.

［50］Findlay, Ronald. 1978. Relative Backwardness, Direct Foreign Inv

［51］ estment, and the Transfer of Technology: A Simple Dynamic Model.Quarterly Journal of Economics 92 (1):1-16.

［52］Fischer, Stanley. 1994. Central Bank Independence in the Transition Economies. In Seventieth Anniversary Conference of the National Bank of Hungary. Budapest.

［53］Fischer, Stanley. 1996. Price Stability, Financial Systems and the Role of the Central Bank. Lima: Address at the Central Reserve Bank of Peru

［54］ Forder, James. 1998. Central Bank Independence-Conceptual Clarifications and Interim Assessment. Oxford Economic Papers 50 (3):307-34.

［55］ Forder, James. 2005. Why Is Central Bank Independence So Widely Approved? Journal of Economic Issues 39 (4): 843-65. "Foreign Economists Co ncerned over Attacks on Central Bank Independence." 2006. Poland Business News, Sept. 12, 2006.

［56］ Giordani, Paolo , and Giancarlo Spagnolo.2001. Constitutions and Central Bank Independence: An Objection to McCallum's Second Fallacy. In Working Paper Series in Economics and Finance, No.

426. Stockholm：Stockholm School of Economics.

[57] Goodhart, Charles A. E. 1989. The Conduct of Monetary Policy. The Economic Journal 99 (396)：293-346.

[58] Goodman, John B. 1991. The Politics of Central Bank Independence. Comparative Politics 23 (3)：329-49.

[59] Grilli, Vittorio, Donato Masciandaro, and Guido Tabellini. 1991. Political and Monetary Institutions and Public Financial Policie s in the Industrial Countries. Economic Policy：341-92.

[60] Guidotti, Pablo. 2009. Interview with former director of the Central Bank. Buenos Aires, June 24.

[61] Hermes, Niels, and Robert Lensink. 2003. Foreign Direct Investment, Financial Development and Economic Growth. Journal of Development Studies 40：142-63.

[62] Hibbs Jr., Douglas A. . 1977. Political Parties and Macroeconomic Policy. The American Political Science Review 71 (4)：1467−87.

[63] "Highlights of Indonesia−IMF Memorandum." 1998. Asian Economic News, June 29, 1998.

[64] "IMF Supports Continued Economic Reforms in Romania." 2004. America.gov, July 08, 2004.

[65] "IMF Warns Against Erosion of Central Bank Independence." 2008. Civil Georgia, March 7, 2008.

[66] International Monetary Fund. 1999. Code of Good Practices on Transparency in Monetary and Financial Policies： Declaration of Principles. Washington, DC： International Monetary Fund.

[67] International Monetary Fund. 2001. Perspectivas de la Economía Mundial Mayo de 2001： Política Fiscal y Estabilidad Macroecono mica. Washington, DC： International Monetary Fund.

[68] International Monetary Fund. 2004. IMF Concludes Article IV Consultation with the Islamic Republic of Iran： 2004 Article IV Consultation-Staff Report. In Public Information Notice (PIN)

No. 04/109. Washington, DC: International Monetary Fund.

[69] International Monetary Fund. 2007. IMF Executive Board Concludes 2006 Article IV Consultation with the Islamic Republic of Iran: 2006 Article IV Consultation—Staff Report. In Public Information Notice (PIN) No. 07/29.

[70] International Monetary Fund. 2008a. IMF Executive Board Concludes 2008 Article IV Consultation with the Former Yugoslav Republic of Macedonia. In Public Information Notice (PIN) No. 08/146. Washington, DC: International Monetary Fund.

[71] International Monetary Fund. 2008b. IMF Executive Board Concludes 2008 Article IV Consultation with the Islamic Republic of Iran. In Public Information Notice (PIN) No. 08/86. Washington, DC: International Monetary Fund.

[72] International Monetary Fund. 2008c. Islamic Republic of Iran: 2008 Article IV Consultation—Staff Report; Public Assessments of Tax Reform Information Notice on the Executive Board Discussion; and Statement by the Executive Director for Islamic Republic of Iran. In IMF Country Report No. 08/284. Washington, DC: International Monetary Fund.

[73] International Monetary Fund. 2009. International Financial Indicators. In

[74] IPR Strategic Business Information Database. 2008. "Lebanon: Moody's Says Lebanon's B3 Rating Already Encapsulates Severe Political Turmoil." IPR Strategic Business Information Database, May 11, 2008.

[75] Iversen, Torben, and David Soskice. 2006. New Macroeconomics and Political Science. Annual Review of Political Science 9 (1):425-53.

[76] Lippi, Francesco. 1999. Central Bank Independence, Targets and Credibility. Political and Economic Aspects of Delegation Arrangements for Monetary Policy. Northamptom, MA: Edward Elgar.

[77] Lipsey, Robert E. 2001. Foreign Direct Investment in Three Financial Crisis. In NBER Working Paper No. 8084. Cambridge, MA: National Bureau of Economic Research.

[78] Lipsey, Robert E., and Fredrik Sjoholm. 2005. The Impact of Inward FDI on Host Countries: Why Such Different Answers? In Does Foreign Direct Investment Promote Development? New Methods, Outcomes and Policy Approaches, ed. T. H. Moran, E. M. Graham and M. Blomstrom. Washington, DC: Institute for International Economics; Center for Global Development.

[79] Lohmann, Susanne. 1998. Federalism and Central Bank Independence: The Politics of German Monetary Policy. World Politics 50 (3):401-46.

[80] Lohmann, Susanne, and Sharyn O'Halloran. 1994. Divided Government and US Trade Policy: Theory and Evidence. International Organizat ion 48 (4):595-632.

[81] MacIntyre, Andrew. 2001. Institutions and Investors: The Politics of the Economic Crisis in Southeast Asia. International Organizat ion 55 (1):81-122.

[82] Marshall, Monty G. , and Keith Jaggers. 2008. Polity IV Dataset \ [version p4v2002e \] College Park, MD: Center for International Development and Conflict Management, University of Maryland

[83] Marshall, Monty G., and Keith Jaggers. 2007. Polity IV Project: Dataset Users' Manual. College Park: University of Maryland.

[84] "Mauritius Finance: IMF Urges Independence for Central Bank." 2002. Economist Intelligence Unit: Country ViewsWire, Oct 10, 2002.

[85] Maxfield, Sylvia. 1994. Financial Incentives and Central Bank Authority in Industrializing Nation. World Politics 46 (4):556-88.

[86] Maxfield, Sylvia. 1997. Gatekeepers of Growth: The International Political Economy of Central Banking in Developing Countries.

Princeton, NJ: Princeton University Press.

[87] Maxfield, Sylvia. 1998. Understanding the Political Implications of Capital Flows to Developing Countries. World Development 26 (7): 1201-19.

[88] McCallum, Bennett T. 1997. Crucial Issues Concerning Central Bank Independence. Journal of Monetary Economics 39 (1):99-112.

[89] Pastor Jr., Manuel, and Sylvia Maxfield. 1999. Central Bank Independence and Private Investment in the Developing World. Economics & Politics 11 (3):299-309.

[90] Persson, Torsten, and Guido Tabellini. 1990. Macroeconomic Policy, Credibility and Politics. London: Harwood Publishers.

[91] Persson, Torsten, and Guido Tabellini.1999. Political Action: Mass Participation in Five WesternDemocracies. In Handbook of Macroeconomics, ed. J. B. Taylor and M. Woodford. New York, NY: Elsevier.

[92] Polillo, Simone, and Mauro F. Guillén.2005. Globalization Pressures and the State: The Global Spread of Central Bank Independence. American Journal of Sociology 110 (6):1764-802.

[93] Posen, Adam. 1993. Why Central Bank Independence Does Not Cause Low Inflation: There Is No Institutional Fix for Politics. In Finance and the International Economy, ed. R. O'Brien. Oxford: Oxford University Press.

[94] Posen, Adam. 1995. Declarations are not Enough: Financial Sector Sources of Central Bank Independence. In NBER Macroeconomics Annual 1995, ed. B. S. Bernanke and J. J. Rotemberg. Cambridge, MA: MITPress.

[95] Posner, Mitchell. 1998. Profiting from Emerging Stock Markets. New York, NY: New York Institute of Finance.

[96] Rogoff, Kenneth S. 1985. The Optimal Degree of Commitment to an Intermediate Monetary Target. Quarterly Journal of Economics 100:

1169-89.

[97] Romer, Paul. 1993a. Idea Gaps and Object Gaps in Economic Development. Journal of Monetary Economics 32 (3):543-73.

[98] Romer, Paul. 1993b. Two Strategies for Economic Development: Using Ideas and Producing Ideas. In Proceedings of the Annual World Bank Conference on Development. Washington, DC: World Bank.

[99] Romero, Juan Carlos. 1992. El Nuevo Banco Central.Buenos Aires.

[100] Romero, Juan Carlos.2009. Projects of Reform and Appraisal of the Central Bank Operations. Buenos Aires, August 24.

[101] Schaling, Eric. 1995. Institutions and Monetary Policy: Credibility, Flexibility and Central Bank Independence. Cheltenham, UK: Edward Elgar.

[102] Sikken, Bernd Jan, and Jakob de Haan. 1998. Budget Deficits, Monetization, and Central Bank Independence in Developing Countries. Oxford Economic Papers 50 (3):493-511.

[103] Siklos, Pierre L. 2008. No Single Definition of Central Bank Independence Is Right for All Countries. European Journal of Political Economy 24 (4):802-16.

[104] Simmons, Beth A. 1996. Rulers of the Game: Central Bank Independence During the Interwar Years. International Organization 50 (3):407-43.

[105] Simmons, Beth A., and Zachary Elkins. 2004. The Globalization of Liberalization: Policy Diffusion in the International Political Economy. American Political Science Review 98 (1):171-89.

[106] Standard & Poor's. 2005. Sovereign Ratings in Latin America, from the Sovereign Ratings Group. New York, NY: Standard & Poor's.

[107] UNCTAD. 1998. World Investment Report: Trends and Determinants, Overview. New York, NY: United Nations.

[108] World Bank. 1992. How the Independence of Central Banks Affects Policy Outcomes. In World Bank Policy Research Bulletin.

Washington, DC: World Bank.

[109] World Bank. 1993. Argentina: From Insolvency to Growth. Washington, DC: World Bank.

[110] World Bank. 1997. Private Capital Flows to Developing Countries: The Road to Financial Integration. Washington, DC: World Bank.

[111] World Bank. 1999. Global Development Finance. Washington, DC: The World Bank.

[112] World Bank. 2009. World Development Indicators On-Line. World Bank 2009 \ [cited October 2009 \] . Available from http://devdata. worldbank. org/dataonline/, University of Pittsburgh subscription.

中文参考文献:

[1] 张旭:《多重视角下的我国中央银行独立性测度》,《财经理论与实践》2002 年第 3 期。

[2] 刘福寿:《中央银行独立性的内生性研究》,《南开经济研究》2004 年第 4 期。

[3] 卞志村、毛泽盛:《发展中国家中央银行独立性的理论思考》,《宏观经济研究》2007 年第 12 期。

[4] 闫海:《中央银行独立性:一个新政治经济学分析框架》,《上海金融学院学报》2008 年第 2 期。

[5] 闫素仙、吴晓峰、陶建新:《中央银行独立性研究综述》,《经济学动态》2010 年第 8 期。

[6] 林与权、陶湘、李春:《资本主义国家的货币流通和信用》,北京:中国人民大学出版社 1980 年版。

[7] 饶余庆:《现代货币银行学》,北京:中国社会科学出版社 1983 年版。

[8] 盛慕杰:《中央银行学》,北京:中国金融出版社 1989 年版。

[9] 张亦春、江曙霞、高路明:《中央银行与货币政策》,厦门:厦门大学出版社 1990 年版。

[10] 周升业、曾康霖:《货币银行学》,成都:西南财经大学出版社 1993 年版。

[11] 托马斯·梅耶等:《货币、银行与经济》,上海:上海三联书店、上海人民出版社 1994 年版。

[12] 王松奇:《金融学》(第 2 版),北京:中国金融出版社 2000 年 7 月版。

[13] 付一书:《中央银行学》,上海:复旦大学出版社 2009 年版。

[14] 沈红芳:《东亚经济发展模式比较研究》,厦门:厦门大学出版社 2002 年版。

[15] 怀特:《货币制度理论》,北京:中国人民大学出版社 2004 年版。

[16] 刘丽巍:《当代中央银行体制:世界趋势与中国的选择》,北京:人民出版社 2007 年版。

[17] 范方志:《中央银行独立性:理论与实践》,北京:经济管理出版社 2007 年版。

[18] 约翰·芬斯顿:《东南亚政府与政治》,北京:北京大学出版社 2007 年版。

[19] 沈红芳:《经济全球化与经济安全:东亚的经验与教训》,北京:中国经济出版社 2008 年版。